HIRAM B. DAMIN

CONQUISTANDO O SUCESSO DO CLIENTE

Como criar excelência no atendimento, fidelizar clientes e aumentar as vendas com **Customer Success**

HIRAM B. DAMIN

CONQUISTANDO O SUCESSO DO CLIENTE

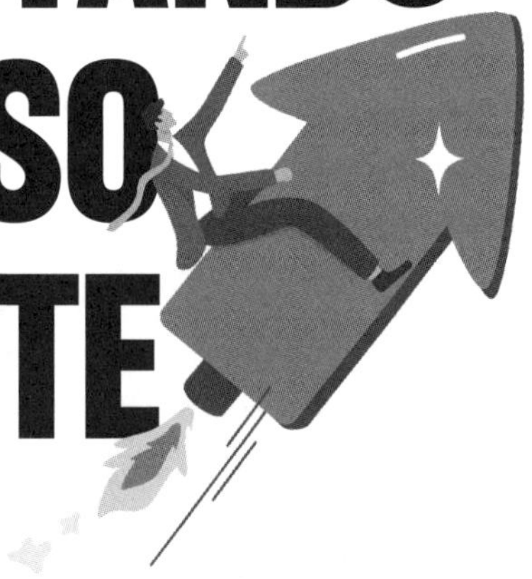

Como criar excelência no atendimento, fidelizar clientes e aumentar as vendas com **Customer Success**

www.dvseditora.com.br
São Paulo, 2023

CONQUISTANDO O SUCESSO DO CLIENTE

DVS Editora 2023 – Todos os direitos para a língua portuguesa reservados pela Editora.

Nenhuma parte deste livro poderá ser reproduzida, armazenada em sistema de recuperação, ou transmitida por qualquer meio, seja na forma eletrônica, mecânica, fotocopiada, gravada ou qualquer outra, sem a autorização por escrito dos autores e da Editora.

Revisão de Textos: Hellen Suzuki
Design de capa, projeto gráfico e diagramação: Bruno Ortega

ISBN: 978-65-5695-105-8

```
       Dados Internacionais de Catalogação na Publicação (CIP)
              (Câmara Brasileira do Livro, SP, Brasil)

       Damin, Hiram B.
          Conquistando o sucesso do cliente : como criar
       excelência no atendimento, fidelizar clientes e
       aumentar as vendas com Customer Success / Hiram B.
       Damin. -- São Paulo, SP : DVS Editora, 2023.

          Bibliografia.
          ISBN 978-65-5695-105-8

          1. Administração de empresas 2. Clientes -
       Atendimento 3. Clientes - Fidelização 4. Serviço
       ao cliente - Gestão 5. Vendas I. Título.

   23-176915                                      CDD-658.85

                  Índices para catálogo sistemático:

         1. Vendas : Estratégias : Administração    658.85

            Tábata Alves da Silva - Bibliotecária - CRB-8/9253
```

Nota: Muito cuidado e técnica foram empregados na edição deste livro. No entanto, não estamos livres de pequenos erros de digitação, problemas na impressão ou de uma dúvida conceitual. Para qualquer uma dessas hipóteses solicitamos a comunicação ao nosso serviço de atendimento através do e-mail: atendimento@dvseditora.com.br. Só assim poderemos ajudar a esclarecer suas dúvidas.

SUMÁRIO

CAPÍTULO 1 • O SUCESSO DO CLIENTE VEM ANTES DA VENDA 13
- 1.1. O FAIXA PRETA É O FAIXA BRANCA QUE NUNCA DESISTIU 14
- 1.2. O SUCESSO DO CLIENTE VEM ANTES DA VENDA 15
- 1.3. O FUNIS DE MARKETING E VENDAS 16
- 1.4. SLA DE VENDAS: A PASSAGEM DE BASTÃO 19
- 1.5. INDO ALÉM DO FUNIL DE VENDAS 23
- 1.6. CHECKLIST DO CAPÍTULO 25

CAPÍTULO 2 • CUSTOMER SUCCESS 26
- 2.1. MINHA CONVERSA COM O LAMA 27
- 2.2. O QUE FAZ UM PROFISSIONAL DE CUSTOMER SUCCESS 29
- 2.3. COMO UM CUSTOMER SUCCESS FAZ A DIFERENÇA NA SUA EMPRESA 31
- 2.4. AS HABILIDADES QUE UM CUSTOMER SUCCESS PRECISA DESENVOLVER 37
- 2.5. A DIFERENÇA ENTRE CS ONBOARDING (ATIVAÇÃO) E CS ONGOING (ADOÇÃO) 39
- 2.6. COMO AS ÁREAS NASCEM, CRESCEM E SE DESENVOLVEM 41
- 2.7. COMO O CS ATUA COM SUAS CARTEIRAS 45
- 2.8. CHECKLIST DO CAPÍTULO 47

CAPÍTULO 3 • PERSONA – FOCO NO CLIENTE 48
- 3.1. CONTOS DE NATAL. UM DESASTRE CHAMADO "AMIGO-SECRETO" .. 49
- 3.2. O QUE É PERSONA 51
- 3.3. PÚBLICO-ALVO X PERSONA X IPC 52
- 3.4. POR ONDE COMEÇAR UMA PERSONA 53
- 3.5. CONSTRUINDO AS PERSONAS 54
- 3.6. PERSONAS E CUSTOMER SUCCESS 60
- 3.7. PERSONAS NÃO DURAM PARA SEMPRE 60
- 3.8. CHECKLIST DO CAPÍTULO 61

CAPÍTULO 4 • JORNADA DO CLIENTE 62
- 4.1. SOBRE O TEMPO E SUAS MEDIDAS 63
- 4.2. O QUE É A JORNADA DO CLIENTE 64
- 4.3. MOTIVOS PARA TER UMA JORNADA 64
- 4.4. COMO CRIAR UMA JORNADA DO ZERO 65
- 4.5. COMO A JORNADA SE DIVIDE 68
- 4.6. A JORNADA E SEUS DESAFIOS 70
- 4.7. CHECKLIST DO CAPÍTULO 71

CAPÍTULO 5 • SUPORTE: VOCÊ É NADA SEM ELE 72
5.1. O PLANO DE SAÚDE QUE QUASE ME DEIXOU DOENTE 73
5.2. O QUE É O SUPORTE AO CLIENTE 75
5.3. SUPORTE NÃO É CUSTOMER SUCCESS 76
5.4. COMEÇANDO UMA OPERAÇÃO DE SUPORTE DO ZERO 77
5.5. BOAS PRÁTICAS DO TIME DE SUPORTE 81
5.6. CANAIS BÁSICOS DE COMUNICAÇÃO DO SUPORTE 86
5.7. SEU CLIENTE É UMA PESSOA, E NÃO UM TICKET 90
5.8. MÉTRICAS DE SUPORTE 92
5.9. CHECKLIST DO CAPÍTULO 97

CAPÍTULO 6 • ONBOARDING OU IMPLEMENTAÇÃO: O INÍCIO DA JORNADA . . 98
6.1. SOBRE APRENDIZADOS E VIRADAS DE CHAVE 99
6.2. SOBRE CRIAR UM ONBOARDING DO ZERO 100
6.3. A ENTREGA DO PRIMEIRO VALOR 101
6.4. PLANEJANDO ESTRATEGICAMENTE SEU ONBOARDING 102
6.5. O FAZER AGORA QUE O CLIENTE CHEGOU 106
6.6. ATIVAÇÃO E O SUCESSO DO CLIENTE 110
6.7. CRIANDO COCKPITS 110
6.8. MÉTRICAS DE PERFORMANCE 113
6.9. WOW! MOMENT — SUPERANDO AS EXPECTATIVAS 115
6.10. CHECKLIST DO CAPÍTULO 116

CAPÍTULO 7 • ONGOING OU ADOÇÃO: A JORNADA CONTINUA 117
7.1. SOBRE AMIGOS DE INFÂNCIA 118
7.2. CRIANDO O ONGOING DO ZERO 119
7.3. ANALISANDO A BASE DE CLIENTES 120
7.4. FORMATOS DE ONGOING 122
7.5. SUCCESS MILESTONES, OU MARCOS DE SUCESSO 125
7.6. QBRS — QUARTERLY BUSINESS REVIEW E
     OS MARCOS DE SUCESSO 128
7.7. BOAS PRÁTICAS EM REUNIÕES DE SUCESSO DO CLIENTE 129
7.8. ESTRATÉGIAS PARA UM ONGOING DE SUCESSO 133
7.9. CRIANDO COCKPITS 137
7.10. MAPEANDO OPORTUNIDADES NA JORNADA 141
7.11. RENOVAÇÃO 143
7.12. DESENHANDO O MAPA COMPLETO DA JORNADA 145
7.13. MÉTRICAS DE PERFORMANCE 147
7.14. CHECKLIST DO CAPÍTULO 154

CAPÍTULO 8 • CHURN **155**
8.1. CANCELAMENTO DE CONTAS E A METÁFORA DO MAR 156
8.2. O QUE É CHURN 157
8.3. COMO PREVER O CHURN 158
8.4. POR QUE CLIENTES CANCELAM 160
8.5. MOTIVOS DE CANCELAMENTO E SOLUÇÕES
DE COMBATE AO CHURN 161
8.6. MÉTRICAS DE PERFORMANCE E CÁLCULO DO CHURN 165
8.7. OS NÚMEROS DO MERCADO 169
8.8. CHECKLIST DO CAPÍTULO 171

CAPÍTULO 9 • CUSTOMER MARKETING **172**
9.1. UMA CRECHE BOA PRA CACHORRO 173
9.2. O QUE É CUSTOMER MARKETING 175
9.3. COMO CUSTOMER MARKETING APOIA CUSTOMER SUCCESS 176
9.4. COMO CUSTOMER SUCCESS APOIA CUSTOMER MARKETING 179
9.5. COMO CRIAR UMA ESTRATÉGIA DE CUSTOMER MARKETING 180
9.6. CANAIS DE ATUAÇÃO COM CUSTOMER MARKETING 185
9.7. MÉTRICAS EM CUSTOMER MARKETING 192
9.8. CHECKLIST DO CAPÍTULO 193

CAPÍTULO 10 • PRODUCT-LED GROWTH E CS — UM CAPÍTULO À PARTE **194**
10.1. MEU CASO DE AMOR E ÓDIO POR UMA CORUJA 195
10.2. PRODUCT-LED GROWTH E CUSTOMER SUCCESS 197
10.3. O QUE É PRODUCT-LED GROWTH 197
10.4. COMO PRODUTO E CS SE RELACIONAM EM PLG 201
10.5. ESTRATÉGIAS DE CS EM PLG 205
10.6. ETAPAS DE PRODUTO RELACIONADAS A CUSTOMER SUCCESS . . . 206
10.7. CUSTOMER SUCCESS E PLG NA PRÁTICA 208
10.8. ENTREGÁVEIS DA ÁREA DE CS 210
10.9. OS CICLOS NOS SQUADS DE CUSTOMER SUCCESS 211
10.10. CHECKLIST DO CAPÍTULO 212

BIBLIOGRAFIA **213**

AGRADECIMENTOS

Se algum dia me perguntarem se tenho sorte, vou, com toda certeza, responder que sim. Sou cercado de pessoas incríveis que, de uma forma ou de outra, passaram pelo meu caminho e somaram na jornada deste livro e que agora deixo aqui a minha gratidão.

Aos meus pais, Heron e Enira Damin, que são a minha inspiração nos mais diversos campos da vida. À Giselly Miguel, com seu amor e apoio incondicional. Que eu possa retribuir todos os dias o que você fez e faz por mim. Agradeço a todos os fins de semana em que passamos juntos com você do meu lado dizendo para eu seguir em frente com a produção do livro. Muito obrigado, meu amor. À Nicole, minha "filhota do coração", que há vários anos, desde que entrou na minha vida, vem me ensinando como ser um "paidrasto" melhor a cada dia. E ainda no meu campo familiar, agradeço à Lúcia por indiretamente adiantar a minha vida sempre que precisei. Todos eles têm um espaço reservado no meu coração.

Agradecimento especial a José Vitor Lopes e Silva e Caroline Dalfovo e, em nome deles, a todo o time da Lopes Advogados e Lopes Marketing. Agradeço de coração pelo espaço que me deram no escritório e acompanharam de perto o dia a dia da produção deste projeto. Com vocês a jornada com certeza foi mais leve.

Este livro ainda não seria o mesmo sem o apoio de pessoas como a Robs, uma profissional incrível que tenho a sorte de ter como amiga; obrigado por todas as conversas de alto nível que tivemos na construção desta jornada. Gratidão também a Rafael Justino, por seu apoio técnico na revisão desta obra, seu ok endossa a qualidade deste material. Nássara Lanzoni, sem você não teria toda a segurança de passar todo o material adiante. Agradeço de coração por sua disponibilidade e apoio irrestrito até o fim desta obra. Ainda estão nessa lista David Mota, Leandro Lanes, Diego Bazzo, Francielle Gonçalves e muitos outros nomes importantes que passaram neste caminho de criação e desenvolvimento. Gratidão hoje e sempre.

Ainda há uma lista enorme de pessoas que passaram pelo meu caminho enquanto escrevia este livro. Com certeza todas estão no meu coração e vou pessoalmente agradecer uma por uma. A todos, muito obrigado.

INTRODUÇÃO:
ESTE NÃO É MAIS UM LIVRO DE ATENDIMENTO AO CLIENTE

"A minha vida foi uma antes e depois do meu livro".

Essa frase não é minha, é do Rafael Rez, meu amigo e autor do livro, *Marketing de Conteúdo: A Moeda do Século XXI*, com mais de 30 mil cópias vendidas. Uma conversa com ele em uma tarde de outubro de 2018 fez com que suas palavras me impactassem até hoje. E posso dizer que, sim, a minha vida também foi uma antes e depois do meu livro.

Meu primeiro lançamento chamado *Customer Success: O sucesso das empresas focadas em clientes* (Editora DVS) se tornou um best-seller no Brasil, sendo por mais de 10 vezes Top 10 de vendas na Amazon na categoria Atendimento ao Cliente. E a coisa não parou por aí.

Com a repercussão do livro sendo vendido em sete países, ganhei espaço na mídia principalmente em canais do YouTube nos Estados Unidos e Portugal e em diversos podcasts no Brasil. Esse trabalho rendeu o que mais tarde me levaria a ser considerado por três vezes consecutivas (2020, 2021 e 2022) umas das 100 maiores referências do mundo em customer success pela americana Success Coaching. Jamais imaginei chegar aonde estou hoje.

Quando comecei a ter a ideia de escrever o segundo livro sobre customer success, me senti no desafio de não falar mais do mesmo. Inovar, renovar e trazer aprendizados que marcaram a minha vida com mais de 250 empresas atendidas durante meus 20 anos de carreira. Foi desse ponto de partida que pensei: *esta obra não pode ser apenas mais um livro de atendimento ao cliente.*

Este livro tem a missão de buscar levar a sua empresa a outro patamar de atendimento. Se ao final destas páginas eu conseguir conduzi-lo a pequenos atos transformadores, já ficarei feliz em ter ajudado. Mas antes de entrarmos no tema de uma forma mais aprofundada, queria fazer uma pergunta: você já parou pra pensar quantas vezes somos clientes em apenas um dia?

Pare agora e pense um pouco em sua rotina. Imagine-se saindo de casa e, ao botar o pé na rua, você pensa: "preciso ir à farmácia", "não posso voltar para casa sem passar no supermercado", "em quanto tempo eu chego ao trabalho se eu chamar um carro pelo aplicativo?". Uma torrente de pensamentos inundam a sua cabeça com as tarefas do dia a dia. Observe agora que todas as coisas simples e rotineiras têm algo em comum: você será atendido.

Os seus passos já estão marcados na sua cabeça, você já sabe aonde ir, o que e como fazer. Alguma coisa ou outra pode fugir aos seus planos, mas em uma rotina comum suas tarefas estão em ordem de execução e basta botar a mão na massa. Isso parece ser simples e, na verdade, é. Mas e quando estamos falando de clientes e somos nós que fazemos esse papel?

Quando você já trabalha com atendimento ao cliente, posso lhe garantir que nosso olhar jamais é igual a pessoas que são "apenas" clientes comuns. Nós ficamos chatos, exigentes e com um olhar muito mais crítico e analítico ao nosso redor. "Isso certamente poderia ter sido feito em menos tempo", "Olha esse tom de voz", "Falar meu CPF? Mas eu acabei de digitar". Viramos os fiscais do atendimento alheio. Não é por menos, quando conhecemos os bastidores, estamos "do outro lado do balcão", sabemos que podemos mais.

Sobre atendimento, vou fazer uma confissão: quando vou a restaurantes, tenho o hábito de apertar a mão do chefe da cozinha quando gosto daquilo que eu comi. E não vá pensando que frequento restaurantes caros da alta gastronomia. Quando estou em um lugar que gostei do jantar, antes de sair, pergunto: "Posso falar com o chefe da cozinha?". A primeira reação é uma cara de espanto voltada para o medo. Normalmente o garçom arregala os olhos como se todos tivessem feito algo errado. Em seguida, geralmente vou à cozinha e elogio o trabalho do time como um todo. A reação de surpresa é quase sempre demonstrada. Acho que de maneira geral as pessoas não estão acostumadas a receber feedbacks positivos.

Voltando ainda a falar de bons atendimentos, não vá pensando que neste livro vou focar o que a maioria dos profissionais de customer success (CS) bate na mesma tecla. Não, eu não vou falar de encantar o seu cliente. Aliás, evito falar esse termo quando trato de sucesso do cliente. Encantamento é importante, sim, mas não dá pra focar a cereja do bolo se você mal consegue dar sabor ao recheio e a cobertura. Pare por um minuto de pensar como você pode surpreender o cliente e foque o que ele realmente precisa. Fazer o simples, o básico, resolver de verdade o problema do cliente é muito mais importante do que encantar.

Antes de pensar em encantamento, imagine como você pode facilitar a vida do cliente. Um ticket bem resolvido, um tutorial bem escrito, uma call com tempo certo e com uma resolução determinada, um acompanhamento de incidente dando a atenção devida. Tudo isso não precisa encantar um cliente, mas faz uma diferença incrível no atendimento.

Este livro tem por objetivo trazer a estratégia de um bom atendimento. Com ele será possível entender os passos no seu relacionamento, ter previsibilidade com sua base, pensar em como focar seus clientes de maneira estruturada e depois de deixá-los felizes e satisfeitos. Aí sim, depois de ter aproveitado nossas conversas por aqui, pode fechar o livro pela última vez e prepare-se para encantar.

Espero que possa aproveitar ao máximo a sua jornada.

Boa leitura!

CAPÍTULO 1
O SUCESSO DO CLIENTE VEM ANTES DA VENDA

1.1. O FAIXA PRETA É O FAIXA BRANCA QUE NUNCA DESISTIU

A primeira vez que eu pisei em um tatame foi aos seis anos de idade, lembro como se fosse ontem. A textura do kimono, a chamada de atenção porque entrei de chinelos e, em seguida, a primeira sensação de tocar o meu pé no dojô. Disciplina, foco, treinos, treinos e treinos, o abraço da vitória e a solitária sensação da derrota. O judô e o karatê forjaram meu caráter por oito anos até o falecimento do meu sensei. A partir daí, o mundo das lutas não teve mais qualquer sentido para mim. O sonho da faixa preta perdeu-se no luto e na saudade, guardei as medalhas na gaveta, o kimono ficou curto e foi doado, cresci, tornei-me adulto e, quando já tinha desistido de voltar a lutar, o destino me pregou uma peça 14 anos depois.

Uma grande amiga que queria sair do sedentarismo me perguntou se praticar Tai Chi era uma boa ideia. Ela já estava com a sacola na mão a 30 metros da escola pensando em desistir. Respondi a ela que, se naquele dia ela fosse fazer a aula, na semana seguinte eu também iria. Cumpri com o combinado e foi então que conheci o Pa-Kua[1] e me apaixonei novamente pelas artes marciais.

A princípio ninguém entendeu muito bem como um faixa branca iniciante evoluiu de forma tão rápida. Não era uma questão de dom, mas, sim, de histórico. Coloquei todo o meu conhecimento de anos em prática como base do novo aprendizado e botei muita gente graduada no chão sem eles entenderem o porquê. Novamente: bagagem.

Os anos se passaram com muito estudo, prática e persistência (muita!). Fiz o meu caminho e como qualquer praticante mais avançado eu fui

---

[1] Pa-Kua é um conhecimento antigo de origem chinesa. Com mais de 200 escolas em 14 países, a Liga Internacional de Pa-Kua trabalha esse conhecimento através de práticas por meio de uma ou mais modalidades (acrobacia, armas de corte, arqueria, arte marcial, Pa-Kua chi, ritmo, tai chi e yoga chinesa).

levado ao chão por muitos iniciantes. Mais uma vez o aprendizado: as pessoas têm suas histórias, não se esqueça jamais de observar isso. Todos que chegam até nós já vêm com algo a oferecer, e saber isso é essencialmente estratégico para o mundo dos negócios e para a vida.

E, se em algum momento você pensar que não é bom o suficiente para seguir adiante por falta de bagagem, deixo uma frase que foi meu mantra em todo o caminho até chegar à faixa preta em artes marciais: o faixa preta é o faixa branca que nunca desistiu.

A nossa luta é todos os dias. *Bora* pra cima?

1.2. O SUCESSO DO CLIENTE VEM ANTES DA VENDA

Se o livro é sobre customer success, por que temos um capítulo inteiro dedicado a vendas? A resposta é simples: o cliente não chega até você do nada. Antes de se encontrarem no atendimento ele já passou por um caminho no qual teve contato com outras pessoas e teve outras experiências. Ou seja, todo cliente, mesmo que seja um primeiro contato, já possui uma bagagem, por isso é importante entender como ele chegou até aqui.

Não é à toa que chamamos tecnicamente de jornada. São realmente caminhos determinados pelos quais ele passa para que tenha o ponto certo de conversão até se tornar cliente. Para isso, ele é impactado das mais diversas formas, com estratégias específicas em cada estágio. Aqui há um grande trabalho de marketing, comunicação e até mesmo vendas outbound que acabamos muitas vezes por ver de forma isolada. E vejo este como um ponto importante a ser observado.

Muitas vezes, como atendimento, focamos o histórico do cliente, alinhamos alguma coisa com vendas e caímos no turbilhão das metas, calls, pontos de contatos e perdemos a grande chance de ter uma visão maior sobre o todo. Com qual campanha o cliente converteu? Qual a primeira necessidade que ele apresentou? Esse ponto foi fundamental para a compra ou ele mudou de ideia no meio do caminho? Como ele vê a nossa marca? A venda não começa na venda, é muito importante termos isso em mente.

1.3. O FUNIS DE MARKETING E VENDAS

Observo que muitos profissionais acabam por entender o funil de vendas como algo único. Como estamos tratando do cliente mais a fundo com foco em customer success, é pertinente trazer a diferença entre os dois. Enquanto o funil de marketing faz o mapeamento e acompanhamento da jornada de compra do consumidor, o funil de vendas já compreende que o consumidor está pronto para comprar o seu produto ou serviço e atua estrategicamente para realizar a venda.

As duas estruturas, apesar de possuírem forma semelhante, apresentam diferenças em sua composição. O objetivo final é o mesmo: vender. O que vamos ver a seguir é como são estruturados, quais os passos e como trabalham de forma conjunta e em sinergia.

1.3.1. Como funciona o funil de marketing

O funil de marketing é basicamente os passos que alguém tem que dar para se tornar cliente. Ele é composto de topo, meio e fundo do funil, dependendo do modelo de vendas da empresa. Você pode começar com um grande número de potenciais clientes, porém, ainda assim, apenas uma parte dessas pessoas acaba realizando a compra, o que é natural dentro dessa metodologia.

Existem alguns modelos que podemos usar quando falamos do funil do primeiro contato até a compra. Neste caso, vou trazer um dos mais usados, que envolve três etapas e quatro fases, descritos brevemente a seguir.

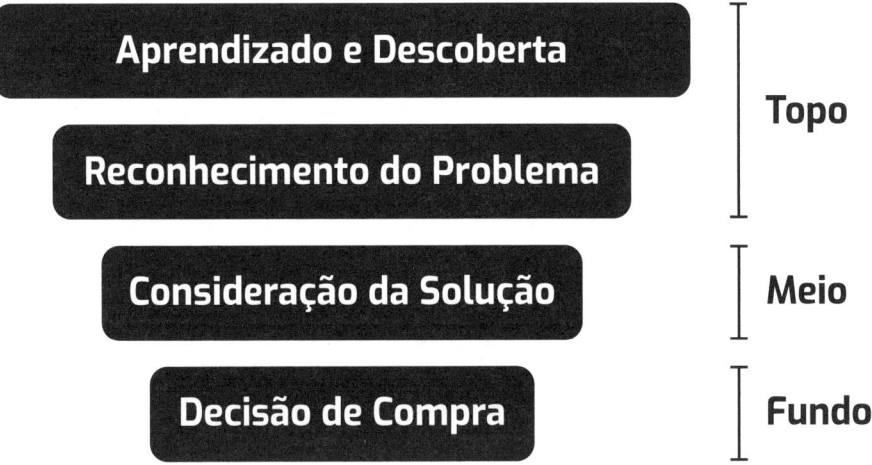

Aprendizado e descoberta: é o primeiro contato. O cliente, neste momento, sente alguma dificuldade, mas não entende claramente a própria necessidade. É neste momento em que as pessoas tomam conhecimento de quem é você. Elas ainda não estão atrás de uma solução. Nesta fase, geralmente não sabem quais problemas têm e estão em busca de adquirir conhecimento sobre assuntos relacionados à sua empresa e descobrir maneiras de evoluir seu trabalho.

Reconhecimento do problema: aqui, o cliente se dá conta de que tem um problema e passa a se aprofundar no assunto. Nesta etapa, ele está normalmente tentando resolver uma questão específica ou suprir alguma necessidade. Como resultado, ele procura aprender e encontrar informações que ajudem a descobrir qual a melhor solução.

Consideração da solução: de posse do conhecimento claro sobre sua necessidade, o cliente passa a avaliar as opções disponíveis.

À medida que o lead[2] avança de fase, a probabilidade de fechar a venda aumenta. Quanto mais adiante no funil de marketing, mais informações são trocadas e mais evidente se torna o uso do produto como vantajoso para o cliente.

Decisão de compra: considerada a parte mais importante do funil. Com base na avaliação, o cliente toma a decisão de compra do produto ou serviço que atenda melhor à sua necessidade. É quando um cliente em potencial decide fazer negócios com você. Isso é chamado de conversão de vendas. Na maioria dos casos, as conversões são a forma como você mede o sucesso do seu funil.

1.3.2. Como funciona o pipeline de vendas

Preparação, planejamento e prospecção: são passos para a busca por potenciais compradores. Elas podem ser feitas de forma outbound[3], mas geralmente são realizadas pelo marketing, qualificando os leads até estarem prontos para o time de vendas.

Abordagem de vendas: ela acontece após o contato inicial, quando o vendedor já conhece um pouco sobre a dor do cliente. Assim, sua estratégia para conversar com o cliente acaba sendo mais eficaz.

Proposta: após conversas iniciais e o vendedor possuir todas as informações relevantes, chega o momento de avançar no processo e encaminhar a proposta de venda.

---

2   Lead é alguém que fornece suas informações de contato (nome, e-mail etc.) em troca de uma oferta de valor no seu site (conteúdo, ferramenta, avaliação, pedidos sobre produto/serviço, entre outros).

3   O outbound marketing se concentra em atingir o público com conteúdo não direcionado para promover produtos ou serviços.

Negociação: após o envio da proposta, é normal os clientes nesta fase demonstrarem objeções de vendas. Feita a contraproposta, ou cliente e vendedor tendo chegado a comum acordo, parte-se para o fechamento.

Fechamento da venda: é a fase final. Se o vendedor contornar as objeções do cliente, a venda será realizada. Caso contrário o lead pode voltar às primeiras etapas para ser nutrido até uma nova oportunidade.

1.4. SLA DE VENDAS: A PASSAGEM DE BASTÃO

Posso garantir que a venda é um dos passos mais importantes para a manutenção de uma conta na carteira ou de uma relação duradoura de um relacionamento com o cliente. A experiência será fator fundamental no primeiro contato do customer success. Essa bagagem que chega com o cliente traz maior ou menor receptividade, mas não será só isso que vai validar essa passagem entre vendas e CS: o mais importante será o que chamamos de SLA.

1.4.1. O que é SLA

SLA, ou Service Level Agreement, significa acordo de nível de serviço. Em definição mais ampla, se refere a um documento que alinha as expectativas de ambos os lados, utilizado pelos fornecedores de um serviço. Nele constam não só a descrição completa e as normas, mas também as possíveis soluções em casos de descumprimento ou quebra de SLA.

Não se engane quando me refiro a "fornecedores de um serviço", de forma geral. Esse termo ganha diversas interpretações. Os acordos podem ser entre clientes e fornecedores ou entre duas partes dentro da mesma empresa — este último é conhecido como SLA interno, e um exemplo podem ser dois departamentos de uma empresa ou até mesmo um acordo entre uma empresa e seus colaboradores. Veremos detalhadamente um pouco mais à frente.

Por mais que um SLA pareça ser exclusivo da área de tecnologia, garanto que um acordo de nível de serviço pode ser usado nos mais diversos nichos de mercado. Um processo bem feito agiliza as atividades, descola da burocracia, evita conflitos desnecessários e estabelece confiança entre todas as partes envolvidas. Quando tudo roda bem, os setores ganham no entrosamento, antecipam necessidades e já sabem o que podem esperar um do outro. Ganhamos muito no clima organizacional e na produtividade. Posso até dizer que chega a trazer a tal tranquilidade para se trabalhar que tanto buscamos. Faz sentido pra você?

1.4.2. SLAs de atendimento ao cliente

Uma prática de SLA consistente e colaborativa pode levar a novas oportunidades de negócios. Com processos bem alinhados, é possível oferecer transparência aos clientes e apresentar um alto nível de organização no serviço oferecido quando todas as partes contribuem para um rascunho deste acordo. De modo amplo, podemos abordar aqui três principais tipos de SLAs.

SLA com base no cliente: um acordo de serviço com um cliente que define um padrão específico de atendimento. Por exemplo, uma empresa com software de atendimento ao cliente pode incluir uma cláusula no contrato de clientes com perfil Hi-touch terem um atendimento 24 horas.

SLA baseado em serviço: um grupo de empresas que assinam um plano que promete um determinado padrão de atendimento. Exemplo: o plano básico fornece apenas suporte por e-mail, enquanto o plano PRO fornece, além do e-mail, um atendimento via chat.

SLA interno: são os acordos que definem como a empresa opera. Um SLA interno pode ser um acordo entre vários departamentos da organização. Por exemplo, a equipe de marketing promete entregar um certo número de leads qualificados para a equipe de vendas com características-padrão que ajudam na conversão de novos clientes.

1.4.3. Erros comuns na criação de SLAs

Ser elaborado por um único departamento: o SLA é um acordo e, como tal, precisa estar ok para as duas partes que selam essa negociação. Quando falamos de áreas de uma mesma empresa e não há debate, dificilmente as ações serão benéficas para todos. Com um acordo desproporcional, a adoção das ações não será completa, e provavelmente teremos os mesmos problemas a serem solucionados no futuro.

Ser determinado à força: depois de firmado, o SLA precisa valer para todas as pessoas participantes do acordo; mesmo que a solicitação venha diretamente da diretoria ela precisa ter uma boa razão. Liderados não o adotarão se não fizer sentido. O time pode até dizer que está tudo bem, mas com o tempo ele se desfaz e a ordem se dilui na cultura da empresa.

Virar um documento de gaveta: você pode ter o melhor SLA do mundo, se ele não for colocado no dia a dia vai se perder em mais uma determinação, como um quadro pendurado com regras que vira paisagem. Processos precisam ser trabalhados todos os dias e com cada um sendo responsável por manter o SLA ativo e fluido. Não basta criar um acordo, ele precisa fazer sentido, ser útil e ajudar na rotina — senão, será um papel impresso dentro da gaveta ou um PDF perdido em alguma pasta de um arquivo virtual.

1.4.4. SLA entre vendas e customer success

Aqui é um dos pontos mais importantes para o customer success manager. Se o cliente não atender ao SLA da passagem, serão altas as chances de um cancelamento precoce e sem chance de reversão. Cansei de ter contas perdidas de maneira irreversível por compras de impulso, promoções com promessas agressivas ou mesmo o discurso de entregas futuras inexistentes. O tempo me ensinou a duras penas a importância do SLA de vendas para CS.

Levei isso também para minhas lideranças de times. Uma das primeiras coisas que faço ao assumir uma posição de líder em CS é observar se os SLAs existem e, se sim, como estão sendo realizados e de que forma estão sendo conduzidos por ambas as partes. Outro fator importante é descobrir se, com a quebra do SLA, há uma "punição" para o vendedor ou se conta ou não na meta de CS, tanto individual quanto para o time.

Antes de entrarmos na parte prática deste processo, quero deixar claro que vendas não são o vilão da história. Uma empresa precisa bater metas de novos clientes e a máquina tem que estar constantemente rodando. O grande problema aqui são os processos que ora não estão desenhados, ora estão, mas não rodam como deveriam. Nesse cenário, como desenhar um SLA que seja eficiente para os dois lados?

Em primeiro lugar ninguém quer vender para um cliente ruim, sendo assim precisamos alinhar o que não pode entrar na casa. Dessa forma, começamos a estabelecer a régua mínima de entrada de um cliente, ou seja, quais as características que podem ser nota de corte para se estar na empresa. Vamos a um exemplo:

A Weeemail (nome fictício) é uma empresa que tem software para campanhas de e-mail marketing, e há quatro pontos fundamentais na entrada de contas, sem os quais não há negociação.

- A empresa precisa possuir um site: não adianta ter apenas um domínio próprio registrado. É preciso ter um site no ar; sem isso, não há como seguir adiante. Empresas sem site estão fadadas a não adotarem a ferramenta.
- É essencial ter uma conta de e-mail profissional: não basta ter um e-mail genérico, é preciso ter o domínio já registrado e contas atuantes para a ferramenta ter eficácia, sem isso o cancelamento é preditivo e breve.
- Ter mais de três colaboradores: a empresa fez um estudo e entendeu que clientes com menos de três pessoas não adotam o sistema como deveriam, nem sequer fazem uso devido, cancelando logo em seguida da contratação.
- A empresa precisa ter mais de seis meses de existência: outro estudo da Weeemail mostrou que empresas recém-constituídas não têm maturidade para uso e acabam cancelando rapidamente.

Observe que para cada caso há uma consequência que afeta não só o time de vendas ou CS, mas a empresa toda. Podemos fazer alguma exceção à regra? Com certeza. Assim como cada pessoa tem uma bagagem que precisa ser considerada, temos também quebras de SLA que podem ser compensadas pelo cliente de alguma forma, mas isso deve ser muito bem alinhado. Por isso, o SLA precisa ser justificado, fazer sentido e principalmente ser o grande divisor de águas entre uma conta lucrativa e o prejuízo de uma empresa.

1.5. INDO ALÉM DO FUNIL DE VENDAS

Durante muito tempo em meus estudos e aprendizados, a regra sempre foi o funil de vendas como base. Porém o que o mercado vem percebendo é que não basta vender, é preciso manter o cliente e fazer com que ele fique fiel à marca.

O foco da estratégia de receita ganhou mais corpo e complexidade, e os próprios investimentos em marketing que eram apenas para atração de novos leads migram em parte para incrementar o relacionamento com o cliente em comunidades e outros canais. Assim, o ciclo não se encerra; pelo contrário, ganha uma nova vida a cada renovação de contrato ou nova compra com o mesmo cliente.

Há funis que tratam de mais de duas etapas do pós-venda. Nos próximos capítulos, deixaremos esses passos ainda mais encorpados com a jornada do cliente e suas estratégias. Por enquanto, vamos apenas à definição de retenção e lealdade, mas já deixo claro que trabalharemos muito mais os conceitos do que o uso dos termos em si.

Retenção: é o momento de atender a todas as expectativas criadas no momento da compra, de cumprir as promessas feitas e fazer com que o cliente perceba valor de forma mais rápida possível.

Lealdade: mais do que consumir produtos e serviços do negócio, o cliente está com um nível de maturidade para aumentar o seu plano existente ou comprar um produto adicional. Além disso, ele já pode ter tido uma boa experiência e está mais propenso a recomendar a empresa para sua rede de contatos, atraindo potenciais novos clientes.

O customer success vai trabalhar esses dois pontos de forma separada dentro de um cenário preditivo, no qual terá grandes chances de antecipar comportamentos do funil e evitar cancelamentos precoces além de aumentar a receita da empresa. Nos próximos capítulos, desenharemos os processos da entrada do cliente até a sua renovação.

1.6. CHECKLIST DO CAPÍTULO

- ☑ O faixa preta é o faixa branca que nunca desistiu
- ☑ O sucesso do cliente vem antes da venda
- ☑ O funil de marketing e vendas
- ☑ SLA de vendas: a passagem de bastão
- ☑ Indo além do funil de vendas

CAPÍTULO 2
CUSTOMER SUCCESS

2.1. MINHA CONVERSA COM O LAMA[4]

O carnaval se aproximava, e quem me conhece sabe que eu não sou um dos maiores entusiastas da data. Na época, resolvi procurar um retiro espiritual. Não que eu seja uma dessas pessoas que realmente se retiram para rezar ou algo assim, mas achei que seria uma ideia interessante fugir da correria e focar um pouco mais em mim. Como estava frequentando um templo budista tibetano, fui buscar informações por lá.

Hiram, para buscar um retiro você precisa primeiro conversar com o lama, disse uma das pessoas que coordenava o local. Como ele estaria visitando a cidade, eu poderia agendar uma hora de conversa, devido à sua agenda apertada. Pois bem, nossas agendas não bateram, e eu só teria 15 minutos para conversar com ele depois da atividade de meditação na Sanga[5] na semana seguinte. Para quem está ansioso, ou sofre de ansiedade, sete dias são praticamente uma eternidade.

Passei a semana perdendo o sono me perguntando o que ele iria me questionar. "Qual o seu real objetivo com o retiro? O que você entende sobre... (qualquer tema que eu não soubesse responder sobre budismo)? Qual o sentido da vida?", e qualquer outra pergunta para a qual eu realmente não teria resposta. As especulações corriam os meus pensamentos, e o nervosismo crescia cada vez mais, ao passo

---

4   No budismo tibetano, *lama* é um título dado a um professor de darma. O nome pode ser usado como um honorífico, dado a um monge ou a praticantes que tenham conhecimentos tântricos avançados, para indicar um nível elevado de realização espiritual e de autoridade para ensinar seus conhecimentos. O nome pode ainda fazer parte de outro título, como Dalai Lama ou Panchen Lama, que são aplicados a determinadas linhagens de lamas reencarnados.

5   *Sangha* ou *sanga* é uma palavra em páli ou sânscrito que pode ser traduzida aproximadamente como "associação", "assembleia" ou "comunidade" com um objetivo, visão ou propósito comuns; "ordem religiosa".

que se aproximava o dia da visita. Até que o dia finalmente chegou. Eu iria ficar frente a frente com o lama.

A reunião estava cheia, as pessoas felizes, e ele estava na frente sentado e sorrindo para todos. Na mesma hora pensei em ir embora, mas eu já tinha chegado até ali. Era a hora da verdade, da pergunta derradeira, o divisor de águas do questionamento humano, a virada de chave da resposta que iria me levar ou não ao retiro. A mensagem do lama tinha terminado e as pessoas criaram uma fila para conversar com ele. A hora tinha chegado.

É óbvio que eu deixei todas as pessoas passarem na minha frente até que não restasse mais ninguém que pudesse passar. *O coração estava na boca. Sabe quando você não tem a mínima ideia do que vai acontecer? Essa era a sensação. Palpitação, eu quase suando frio, sem graça, sem saber o que fazer, nervoso... muito nervoso!* Não tinha mais ninguém na fila. O momento do encontro tinha chegado.

O lama era um senhor de meia idade, gentil, sorridente e muito calmo. Ele estava sentado em uma espécie de trono e me convidou para sentar em um banquinho que me deixava confortável, ao lado dele, apenas um pouco mais abaixo, mas em uma altura confortável para uma conversa.

— Olá, o que te trouxe até aqui? — perguntou o lama.
— Eu vim em busca de um retiro para o carnaval — disse eu, quase tendo um colapso por dentro, mas fingindo plenitude por fora. Tenho certeza de que ele percebeu isso.

É agora! Ele vai fazer a pergunta espiritual! Tenho certeza de que eu não vou saber responder! Vai ser algo impossível de ter uma resposta! Eu sei disso! Eu não devia ter vindo! E nem dá tempo de ir embora correndo! É hoje que a alma vai embora do corpo!

Todas essas sensações não duraram mais do que uma fração de segundo. Então, a pergunta que eu esperava tanto chegou.

— Você quer fazer um retiro, certo? Já deu uma olhada no nosso site? Ainda não? Olha só... — Ele puxa um smartphone que estava por debaixo da túnica e continua. — Aqui, nessa aba do site, tem as datas dos eventos e...

Ah, não! Onde estão os questionamentos espirituais? As perguntas impossíveis?

Não havia nada do que eu tinha criado na minha cabeça, apenas uma pergunta simples e óbvia feita por uma pessoa tranquila, paciente, serena e muito acolhedora. Ao final da conversa, vimos que não havia uma data no carnaval, mas ele me recomendou ficar de olho.

Agradeci pela oportunidade da conversa, nos despedimos, e saí rindo de mim mesmo e feliz por ter conhecido um lama de perto, com a lição de que, mesmo com as expectativas altas e não correspondidas, podemos ficar felizes e satisfeitos, pois ainda assim podemos ter uma excelente experiência. Tudo isso tem a ver com contatos, conversas, expectativas e outros assuntos que abordaremos logo a seguir.

2.2. O QUE FAZ UM PROFISSIONAL DE CUSTOMER SUCCESS

Na prática, ele literalmente entrega sucesso para o cliente. Em princípio, a definição é simples, mas vai demandar um livro inteiro para explicar a metodologia. Cada empresa possui uma solução que resolve algum problema do cliente, seja por meio de um produto ou serviço ou ambos. O CSM (Customer Success Manager) é o profissional que vai guiar o cliente a alcançar o sucesso por meio da sua solução.

Observar planilhas, responder e-mails e realizar videochamadas são algumas das tarefas de rotina da profissão do analista de CS. Se olharmos o dia a dia com uma visão simplista, podemos entender até que se trata de mais um atendimento comum, e de fato será, caso não tenha uma estratégia por trás de cada passo dado junto ao cliente.

O grande diferencial do atendimento está na metodologia. A maioria das interações com os clientes têm um porquê definido. O cliente chega à empresa e entende por onde irá passar e quais serão seus objetivos a serem alcançados. O CSM no primeiro momento ajuda os novos clientes a criar planos para atingir suas metas, capacita para o uso da ferramenta e/ou alinha como usar os serviços contratados. Ao final do processo, o cliente já percebe o primeiro valor entregue, do qual falaremos mais adiante.

Mas o processo não para por aí; pelo contrário, ele está apenas começando. Com o cliente já imerso em sua solução, é preciso ir além. A metodologia o guia por uma jornada na qual o CSM apresenta novos planos estratégicos de sucesso. De acordo com a característica do modelo de negócio, esse roteiro pode ser feito de forma self-service (com vídeos, tutoriais, respostas por e-mail e autoatendimento), como também pode ser feito de maneira mais personalizada com reuniões mensais agendadas, produção de documentos e criação de planos estratégicos para cada cliente.

Cada formato dependerá das características do produto ou serviço, bem como da demanda do perfil de cada cliente. Enquanto um grande número de clientes pode exigir menos tempo e dedicação, alguns podem ser tão estratégicos que será necessário acompanhá-los pessoalmente toda a semana. Ticket médio, custo-benefício de operação, maturidade da empresa e formas de atendimento são apenas alguns requisitos que definem qual será o melhor modelo a ser implementado.

Independentemente da forma ou modelo como o CSM atua, o mais importante é que, ao final do dia, o cliente se sinta bem atendido e com a sua solução fazendo a diferença na rotina e solucionando os problemas pelos quais ele a contratou.

2.3. COMO UM CUSTOMER SUCCESS FAZ A DIFERENÇA NA SUA EMPRESA

2.3.1. Maior fidelização de clientes

Se vamos falar de fidelização de clientes, precisamos começar pela sigla LTV. O Lifetime Value, ou Customer Lifetime Value (CLV), é a quantia total de investimento que um cliente faz em seu produto ou serviço durante todo o relacionamento que ele terá com a sua empresa. De maneira bem simples, quanto mais energia investida em manter o cliente com você, melhor será a rentabilidade da sua empresa. Por isso, nunca pense no cliente apenas como um pagamento, mas, sim, o quanto ele pode render ao longo dos anos.

Em um cálculo rápido, vamos supor que um único cliente gastou R$1.000,00 por mês em seu produto ou serviço e ficou apenas dois meses pagando. Logo, ele teve um investimento no valor de R$2.000,00. Agora, se esse mesmo cliente permanecer por um período de 12 meses, o valor total passa a ser de R$1.000,00 × 12 = R$12.000,00. Uma boa diferença, não é mesmo?

Mas fidelizar vai muito mais além de manter um cliente na carteira. Significa aumentar gradativamente a sua relação com o cliente. Com o passar do tempo e gerando boas experiências, os clientes perdem o interesse em seus concorrentes e passam de simples consumidores a defensores da marca e recomendam seus produtos ou serviços a outras pessoas.

A lealdade desenvolve uma base de clientes fiéis à marca. As pessoas ficam muito mais dispostas a comprar o que sua empresa oferece independentemente do preço. A concorrência pode até mesmo ter um custo menor, mas o envolvimento emocional faz com que seja muito mais difícil para o cliente migrar para uma outra marca.

2.3.2. Redução do custo de aquisição de clientes

Perdi dois clientes esse mês, mas conquistei mais dois novos. Ao final do mês a conta fecha? Provavelmente não. A conta que a princípio parece ser lógica (- 2 + 2 = 0) esconde por trás uma armadilha, um ponto extremamente importante que diversas empresas não colocam no papel: o custo de aquisição por cliente.

O CAC (sigla como é chamado) é uma métrica que vai além do CS; é importante para a saúde de um negócio e mede quanto uma empresa investe para adquirir novos clientes. Ela envolve o custo total dos esforços de marketing e vendas, como campanhas, salários do time, comissões, bônus e despesas gerais associadas à atração de novos leads, à geração de oportunidades de compra e à conversão em clientes.

A saúde financeira de um negócio depende dessa métrica. Analisar o CAC em conjunto com o LTV (de que falamos anteriormente) é uma forma comum de descobrir se uma empresa está ou não operando de forma saudável. A seguir, vou explicar o quanto isso é importante e como o papel do customer success é fundamental no processo.

Vamos supor que uma empresa adquiriu um cliente que pagará mensalmente R$1.000,00 pelo produto ou serviço contratado. No primeiro momento, temos a visão geral de que o valor bruto é o principal, mas ainda precisamos considerar os custos operacionais, o que faz com que a nossa liquidez seja menor.

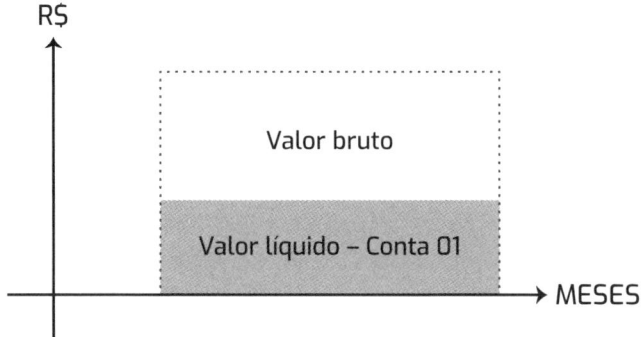

Logo, vamos esquecer que o valor total seja de R$ 1.000,00 e considerar a liquidez no valor de 20%, ou seja, R$ 200,00. Apesar de o valor estar reduzido, posso garantir que existem diversas empresas que chegam apenas a 5% ou 10%, por isso a importância tão grande em focar a métrica de redução do CAC. Assim, vamos inserir o custo de aquisição de clientes.

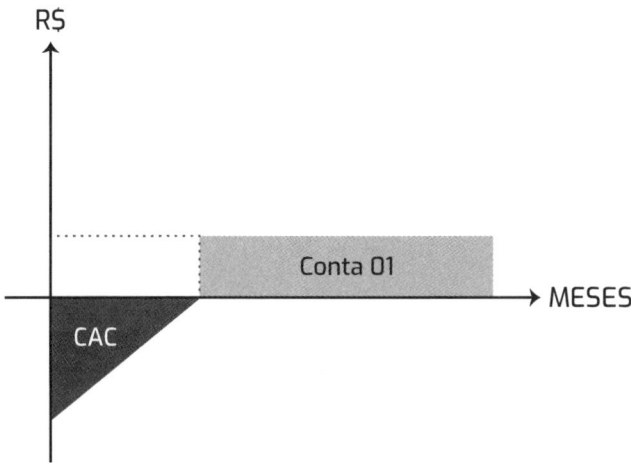

Vale observar que o CAC é diluído ao longo dos meses até uma "virada de chave", quando o investimento começa a se pagar e a rentabilidade começa a crescer. Veremos mais adiante estratégias para engajar os clientes durante esse período.

Agora vamos ao caso em que perdemos uma conta e ganhamos outra logo em seguida. Teremos o quadro da seguinte maneira:

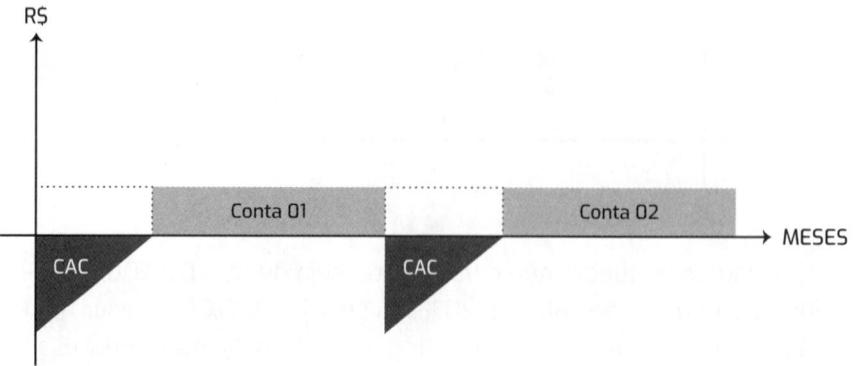

Os gráficos podem parecer iguais, porém é possível que o CAC pode sofrer alguma alteração de acordo com o período e as variáveis em cada mês, já que os custos nem sempre são os mesmos.

Quando um profissional de customer success entra em ação, um dos principais objetivos é aumentar o tempo de permanência do cliente na base, se relacionando com ele até a sua renovação e iniciando, assim, um novo ciclo de atendimento. De maneira geral, os custos de permanência do cliente reduzem, assim como o CAC na renovação é muito menor do que na aquisição de um novo cliente.

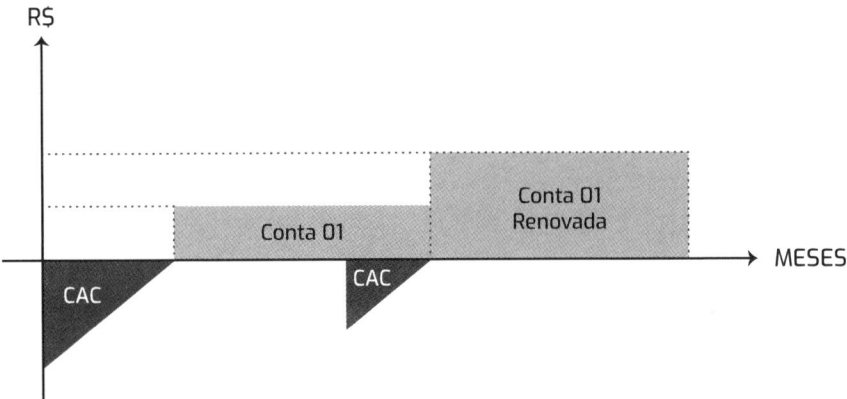

Conquistar um cliente é de 5x a 7x mais caro do que renovar ou realizar uma recompra com um cliente já adquirido. Com o CAC menor, a rentabilidade tende a crescer cada vez mais.

Renovação de contas, ampliação do ticket médio, compras de produtos ou serviços paralelos ao principal ou recompras são fundamentais para a redução do CAC, bem como o aumento da rentabilidade e a saúde financeira da empresa. O sucesso do cliente e da empresa nunca serão temas apenas de customer success, e sim de todo o modelo de negócio.

2.3.3. Aumento no retorno do investimento

Falamos aqui de uma das principais métricas de negócios. O retorno sobre investimento (ROI) é usado pelas empresas como uma das diversas formas de se medir o quanto ela está sendo bem ou mal gerenciada.

Nos negócios, os investimentos são os recursos de que você dispõe para melhorar a empresa, como tempo e dinheiro. O retorno é o lucro que você obtém como resultado de seus investimentos. Existem vários métodos para calcular o ROI. O mais comum é:

$$ROI = \frac{\text{Lucro líquido}}{\text{Custo de investimento}} \times 100$$

Não vamos entrar em todas as nuances que estão por trás do ROI, mas entender como o papel do customer success é fundamental na saúde da empresa e no retorno do investimento.

Quando encontramos formas de prolongar a permanência do cliente, ou seja, fazemos com que o cliente utilize o produto ou serviço por mais tempo, reduzimos a taxa de abandono. Em outras palavras, conseguimos aumentar o LTV e fazemos também com que a rentabilidade seja maior aumentando as nossas taxas de ROI.

A frase "Tempo é dinheiro" cai muito bem quando falamos em retorno sobre o investimento. Investir em boas práticas de atendimento, processos e alinhamentos com certeza é estratégico e essencial para as empresas que buscam rentabilidade e incrementar o retorno de seus investimentos. Aqui, o CS é fundamental.

2.3.4. Geração de informações estratégicas

Quando estruturamos nosso atendimento, inserimos uma metodologia e focamos resultados, estamos desenvolvendo uma inteligência empresarial baseada em dados. Quais os principais motivos de cancelamento? Quais são os clientes mais problemáticos e por que esses problemas existem? Qual o nível de satisfação dos meus clientes? Essas e outras perguntas geram números que são resultados de comportamentos e nos dão base para tomadas de decisões mais assertivas e com menos "achismos".

Aqui entra o papel do customer success como um grande gerador de inteligência para a empresa. Pesquisas de NPS (Net Promoter Score), estudos de casos de cancelamentos (análise CoHort de Churn, por exemplo), pesquisa baseada em segmentação de bases de clientes ou mesmo entrevistas por videochamadas podem nos levar a informações extremamente relevantes para tomadas de decisões, que são verdadeiras viradas de chave em um negócio.

Os dados também vão além, para outras áreas. Cruzar essas informações junto aos dados dos times de marketing ajuda na validação de personas, mostra os resultados de campanha a médio e longo prazo e incrementa dados do cliente ideal. Já quando as informações são aliadas ao time de vendas, conseguimos passar feedbacks de ações, trazer cases de sucesso, validar as passagens de contas e otimizar o nosso SLA (Service Level Agreement). Em resumo: contra dados não há argumentos, e o CS é figura principal na validação das informações estratégicas.

2.4. AS HABILIDADES QUE UM CUSTOMER SUCCESS PRECISA DESENVOLVER

Listei algumas das diversas habilidades que um profissional de customer success precisa ter para atuar no papel do atendimento. Tomei o cuidado de analisar diversas vagas disponíveis até o momento em que estou escrevendo este livro, para trazer pontos em comum que os recrutadores estão buscando entre soft skills (habilidades comportamentais) e hard skills (habilidades técnicas). Vamos à lista:

Boa comunicação: habilidades de se comunicar, saber ouvir e ter uma escuta ativa são fundamentais principalmente para conversar com clientes insatisfeitos. Saber interpretar textos (nem sempre bem escritos) e escrever de forma certa e assertiva completam os pontos básicos de uma comunicação eficiente.

Didática: o objetivo de ensinar os clientes vai muito além de eles aprenderem sobre o produto ou serviço; a missão também é buscar a evolução e o sucesso deles. Isso é possível quando os clientes entendem o real valor da sua solução. Nem todos aprendem de forma igual, e é do CS o desafio de ensiná-los da melhor forma possível.

Empatia: não basta entender o tamanho do problema do cliente, é preciso saber o quanto isso é significativo para ele. O exercício de se colocar no lugar do outro demonstra um interesse genuíno na solução do problema. Mesmo que a situação não seja contornada imediatamente, o cliente saberá que você está realizando um bom atendimento.

Foco no cliente: colocar o cliente em primeiro lugar significa fazer todo o possível para garantir que ele receba o mais alto nível de atendimento. Isso não quer dizer que ele sempre tenha razão ou que vamos atender a tudo que ele quer. Quando as empresas se preocupam com os clientes, fica evidente no dia a dia. Do suporte ao produto final, tudo está centrado no consumidor. Foco no cliente é papel não só do CS, mas de toda a corporação.

Gestão do tempo: com uma carteira de clientes grande, as demandas também tendem a ser crescentes, e o tempo, cada vez mais escasso. Por isso, planejar o dia com eficiência começa com uma agenda bem definida. Um bom gerenciamento de tempo melhora a produtividade e ajuda, muito, a terminar as tarefas no prazo estipulado.

Inteligência emocional: capacidade de identificar e gerir as próprias emoções, bem como as emoções dos outros. Uma tarefa nada fácil que requer um exercício constante de autoavaliação e autoconhecimento. Nem todo cliente está em um bom dia, e cabe a nós entender isso e dar o melhor atendimento possível. Administrar as próprias emoções e saber como resolver problemas é a chave desse sucesso.

Orientação a dados: o CS que tem os dados e sabe analisá-los de forma correta tem uma mina de ouro nas mãos. É saber o tempo certo e a hora exata para agir. As ações que geralmente são reativas tornam-se proativas e podem ajudar a evitar problemas previsíveis e consolidar ainda mais os relacionamentos com os clientes.

Pensamento analítico: não adianta ter diversos dados em planilhas e gráficos se não souber o que fazer com eles. Entender a sua base, históricos e outros conceitos vai ajudar a entender quando será necessário ativar o senso de urgência e onde agir primeiro. Contra números, dificilmente se terá argumentos contrários.

Resiliência: não existe rotina na vida do atendimento, pelo contrário, em seu dia a dia sempre haverá novos desafios e coisas novas a se aprender. Lidar com diversos tipos de pessoas e situações, às vezes até extremas, faz com que a rápida adaptação seja necessária. Desenvolver o autoconhecimento e exercer o autocontrole são pontos fundamentais para orientar os clientes e gerar respostas em atendimentos desafiadores.

2.5. A DIFERENÇA ENTRE CS ONBOARDING (ATIVAÇÃO) E CS ONGOING (ADOÇÃO)

Para ser bem didático, irei aplicar uma metáfora que uso em grande parte das minhas consultorias, principalmente em empresas que estão dando os primeiros passos em customer success e ainda não estão acostumadas ao "tecniquês" da área.

Vamos partir de um exemplo para ilustrar as diferenças. Provavelmente você já viu, mesmo que em um filme ou um desenho, uma furadeira. Sim, dessas que se usa na parede de casa ou em uma obra qualquer. Pois bem, parabéns! Você acaba de comprar uma *Furadeira MasterX* e está pronto para fazer uso dela — só que não. Se você, assim como eu, em algum momento da vida não soube usar uma furadeira, é preciso aprender a fazer isso.

Mas não se preocupe. Na embalagem você recebeu um manual de instruções com um QR code que te leva para uma sequência de vídeos contendo um passo a passo, para você descobrir todos os segredos de manuseio da sua incrível *Furadeira MasterX*.

No vídeo 1, você descobre como ligá-la, conectando a tomada na energia (sim, o óbvio, por mais óbvio que seja, precisa ser dito). Em seguida, ele te mostra o gatilho para usar, a trava do gatilho para segurança e onde fica o mandril (acessórios em que você vai acoplar a broca). Assim, você acaba de conhecer como a furadeira funciona.

No vídeo 2, você é apresentado às brocas — a parte metálica que vai ser usada para furar as paredes. Mas não é só isso: você aprende o tamanho e a funcionalidade de cada uma. Elas basicamente são diferenciadas em broca para madeira, concreto ou metal. Neste passo, além de conhecer a furadeira, já sabe qual solução você pode usar.

No passo 3, chega a hora de partir para ação. Conhecendo a ferramenta e com ela já ajustada, você aprende como se postar para furar da melhor forma sem estragar a sua parede nem se machucar.

Pronto! Você está apto para usar a sua ferramenta com todo o conhecimento adquirido! Isso se chama onboarding.

Furadeira MasterX na mão, é hora da ação! Calma que não é bem assim. Qual o seu objetivo? Se você não tem nada em mente, a ferramenta será apenas uma ferramenta, ou seja, não o ajudará em nada. Ninguém compra uma furadeira para fazer um furo. É preciso ter um projeto em mãos a ser executado, e isso vale para qualquer ferramenta que você compre.

Passado o primeiro momento da empolgação, chega o momento de pegar o projeto e executá-lo. Vamos supor que você tem uma prateleira para instalar e depois um grande armário de cozinha. Por onde começar?

Se já entendeu como a ferramenta funciona, é hora de fazer o passo a passo do projeto. Ele pode ser dividido em etapas, para o melhor entendimento e dar a percepção de avanço gradual. Assim, você se engajará mais e perceberá que está indo bem.

A primeira instrução do projeto é onde marcar os furos. Confesso que eu sou péssimo nisso, para mim é a parte mais difícil de executar. É preciso medir com precisão, fazer a marcação, achar a melhor posição para realizar o furo e só depois usar a furadeira.

A segunda instrução vai além do uso da furadeira. O uso dela é essencial, é claro, pois sem a ferramenta o projeto jamais poderia acontecer. Mas agora vamos dar um passo a mais. Com os furos prontos, chega a hora da instalação da prateleira. Agora, é a hora de usar os parafusos, colocar a base e instalar de vez a prateleira.

Parabéns! Sua prateleira está pronta! Você foi além de um furo e realizou um projeto completo com a furadeira. A partir de agora, pode realizar ainda mais atividades com a sua MasterX. Você acaba de concluir o que podemos chamar de forma ilustrada de ongoing.

Existe muito mais do que esse exemplo simples, porém vamos muito mais a fundo e com exemplos práticos nos próximos capítulos, tratando de especialidades como áreas de Resgate, Expansão e Operações.

2.6. COMO AS ÁREAS NASCEM, CRESCEM E SE DESENVOLVEM

Durante os anos da minha carreira em CS, tive experiência de tanto participar como analista em operações que cresceram vertiginosamente em poucos anos, saltando de 3 times para mais de 16 em menos de 4 anos, como também de estruturar equipes de

CS do zero em alguns segmentos de tecnologia, além de prestar consultoria para novas áreas de atendimento ao cliente.

De empresas SaaS de marketing digital passando por soluções de integrações avançadas e até mesmo redes de hospitais veterinários, por mais simples ou complexas que sejam as operações ou mesmo com temáticas tão diferentes, posso garantir que o processo de crescimento segue uma tendência de maturidade em comum. A citação a seguir mostra bem isso.

"Hiram, por enquanto sou só eu e mais uma pessoa". Essa frase é mais comum de se escutar do que se imagina. Áreas de atendimento em uma empresa são geralmente vistas como um adendo, uma consequência do desdobramento de vendas no momento em que o CEO ou o diretor já não consegue mais dar conta das demandas sozinhos e precisa contratar. E não vá pensando que isso ocorre apenas com pequenas empresas com pouca verba de investimento — já vi acontecer com startups recém-investidas e com bons aportes recebidos. Não é uma questão de dinheiro em si, mas de como deixar os processos mais maduros e eficientes e, por que não dizer, profissionais.

A primeira fase é sair do atendimento via celular pessoal. Quando digo isso, estou me referindo ao suporte sem uso de ferramenta. Quando você está com o seu número pessoal ou mesmo com um "chip da empresa", o atendimento em um primeiro momento parece ser personalizado e os clientes gostam disso, mas em pouco tempo se torna o caos.

No início as respostas são rápidas, completas e personalizadas, mas com o tempo passando e o número de clientes crescendo, o que parecia ser algo útil começa a ir ladeira abaixo. Você começa a demorar a responder, os contatos se perdem nas solicitações constantes, clientes começam a ficar insatisfeitos. A todo momento, é preciso puxar as conversas, ouvir áudios, ver as imagens e anotar os nomes e números, e o pior, nada disso tem um histórico estruturado. Com esse cenário desenhado, está mais que na hora de estruturar o time de suporte. Teremos um capítulo exclusivo para falar sobre o tema. Para ficar mais fácil e didático, vou explicar a estrutura passo a passo:

○----------------------------- Suporte -----------------------------○

O suporte começa a andar e os atendimentos saem da forma desestruturada para o início de um processo organizado. Começamos a entender as demandas de uma forma estruturada e compreendemos o que os clientes precisam, mas ainda há muita coisa a ser feita. Após a passagem de vendas, quem dá conta do processo? Entra aí a primeira formatação do time de customer success.

É difícil chegar a uma empresa com os times já especializados. Pelo contrário, é muito comum que o aprendizado no dia a dia e as necessidades dos clientes nos deem informações importantes para que possamos entender o mapeamento da jornada e trazer questões mais específicas. Sendo assim, nosso desenho ganha mais um elemento. O customer success como uma única área ficando responsável pelo processo de onboarding (implementação) e ongoing (adoção)

○------------------------- CS Generalista -------------------------○
○------------------------------ Suporte ------------------------------○

Com a área ganhando mais força, pessoas sendo contratadas e processos ficando mais maduros, logo, chega a hora de iniciar as especializações do setor. Geralmente nesse momento os CSs já estão sobrecarregados e suas demandas precisam de um foco mais centrado na fase em que o cliente está. Novas métricas são introduzidas e a área de customer success ganha um novo formato, agora com os setores de onboarding (implementação) e ongoing (adoção).

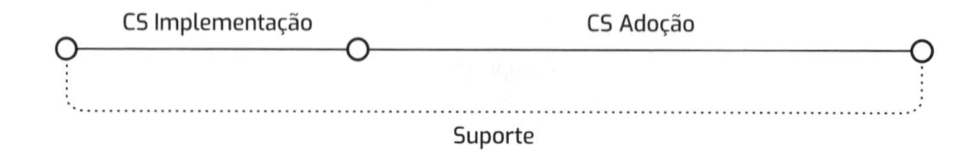

```
  CS Implementação            CS Adoção
O─────────────O─────────────────────────O
           Suporte
```

Com o passar do tempo e com a maturidade do time atingindo novos patamares, é possível especializar ainda mais o setor. Trazendo pessoas com novas habilidades ou mesmo destacando os profissionais de CSs da operação com as características necessárias, o time pode focar tanto o aumento do faturamento, com um ticket médio maior, como também estabelecer estratégias efetivas de relacionamento rumo a renovação do contrato. Dessa forma, nossa estrutura ganha corpo e fica com o seguinte desenho:

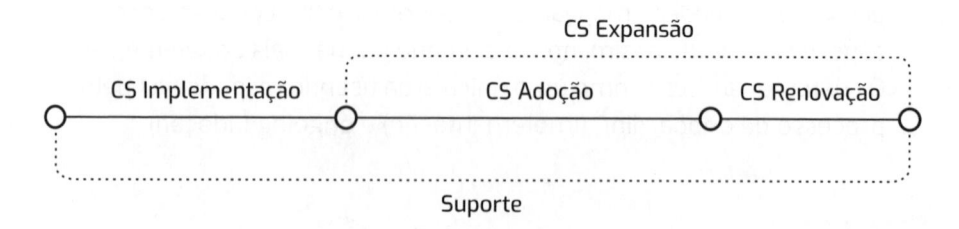

```
                         CS Expansão
  CS Implementação     CS Adoção      CS Renovação
O─────────────O─────────────O─────────────O
                      Suporte
```

Um ponto a ser observado: há a possibilidade de expansão no período de implementação? Sim, contudo é preciso muito cuidado ao oferecer algo novo no momento em que o cliente ainda não está 100% confortável no relacionamento e se encontra em fase de aprendizado. Se o cliente tem chances de expansão, é provável que o setor de vendas tenha perdido a chance de converter com um ticket ainda maior.

Com as áreas estruturadas, as informações também precisam estar unidas, formatadas e com insights estratégicos para as tomadas de decisão. Aqui entra o papel do CS Ops, ou customer operations.

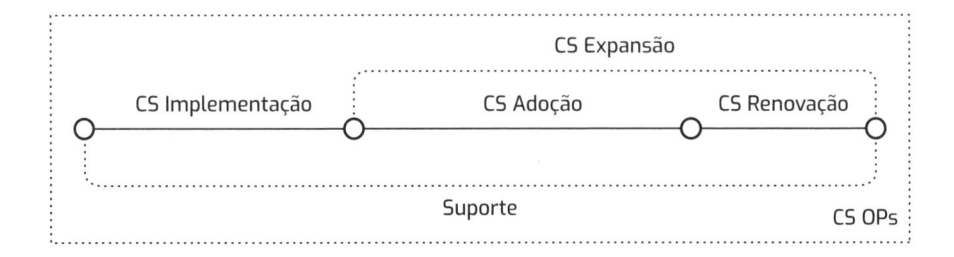

```
                          CS Expansão
    CS Implementação    CS Adoção        CS Renovação
O─────────────────O─────────────────O─────────────────O
                          Suporte
                                               CS OPs
```

A área de CS Ops funciona como uma subdivisão do setor de customer success e tem como foco colocar em prática as ações para que a jornada do cliente seja bem-sucedida. Além disso, os profissionais do time de customer operations é que vão mensurar e avaliar os principais indicadores de desempenho, reportando inicialmente para cargos de liderança e gerando relatórios para guiar o time de CS como um todo.

Ao entender como as áreas se desenvolvem, passamos agora para os níveis de atendimento em que customer success pode atuar, independentemente do nível de maturidade em que a operação se encontra.

2.7. COMO O CS ATUA COM SUAS CARTEIRAS

Como estamos em um capítulo inicial, a ideia é apenas mostrar as diferenças de atuação de cada uma das operações. Tenho certeza de que cada uma delas renderia um capítulo inteiro com fases, focos em clientes diferenciados e cases. Mais adiante, vamos desenhar as fases das operações, mas sem adentrar nos modelos de forma aprofundada. Cabe também entendermos que diversas empresas estão em fases diferentes e há negócios que atuam de forma híbrida com esses modelos; logo, tenham foco no método mais que no formato.

2.7.1. Tech touch

A operação tech touch é caracterizada quando há uma interação humana muito limitada com o cliente. Isso não quer dizer que a comunicação seja prejudicada, pelo contrário, em alguns casos ela se adéqua perfeitamente.

Os check-ins e as interações são gerenciados por software ou automação. Quando essas ações estão bem alinhadas, a relação com o cliente não se perde; nesse caso, é a automação que melhora a experiência do cliente por um baixo custo. Um bom exemplo disso são as plataformas de streaming de vídeos ou música, bem como de idiomas e outros EADs.

2.7.2. Low touch

Nem todo cliente precisa de atendimento personalizado, porém ainda se faz necessário um acompanhamento mais de perto, de forma menos personalizada.

No atendimento ao cliente neste formato, ocorre um envolvimento com foco mais digital, como bate-papo online, e-mails, treinamentos por videochamadas ou artigos da base de conhecimento de autoatendimento.

O contato não perde qualidade e fornece suporte/atendimento necessário à base de clientes. Geralmente essa estratégia é usada para operações mais simples e objetivas, em que base de clientes é alta e o ticket médio é baixo.

2.7.3. Mid touch

Aqui entra grande parte das operações de customer success com atendimento mais humano. Os produtos e serviços apresentam um ticket médio maior que as operações anteriores e as operações demandam uma complexidade maior.

As carteiras são personalizadas e cada profissional de customer success responde por uma base com determinada receita mensal. Os atendimentos deste nível tendem a ser por videochamadas diretas, e-mails personalizados e desenhos de estratégias com a jornada preditiva e com reuniões estratégicas periodicamente. O cliente é contatado pelo atendimento, que apresenta onde ele está e para onde vai, trabalhando o crescimento do cliente em seu modelo de negócio e buscando aumentar a receita com novas possibilidades e negociações dentro da própria base (upsell e cross sell).

2.7.4. Hi touch

Voltado para contas estratégicas e com ticket médio maior, o modelo adota praticamente as mesmas atividades que o mid touch, porém as ações são ainda mais personalizadas e com dedicação maior aos clientes, de forma individualizada.

Além de individuais, em muitos casos os atendimentos podem até mesmo serem locais. Isso se deve ou à complexidade de alguma implementação ou ao fato de o atendimento ter características personalizadas. Geralmente o profissional de customer success que atende essas contas já possui um certo tempo de casa ou uma experiência/senioridade maior que os demais da empresa.

2.8. CHECKLIST DO CAPÍTULO

- ☑ O que faz um profissional de customer success
- ☑ Como um customer success faz a diferença sua empresa
- ☑ Quais habilidades um customer success precisa desenvolver
- ☑ A diferença entre CS onboarding (ativação) e CS ongoing (adoção)?
- ☑ Como as áreas nascem, crescem e se desenvolvem
- ☑ Como o CS atua com suas carteiras

CAPÍTULO 3
PERSONA — FOCO NO CLIENTE

3.1. CONTOS DE NATAL. UM DESASTRE CHAMADO "AMIGO-SECRETO"

Provavelmente você já passou por alguma situação parecida. Quero deixar claro que qualquer semelhança com um ambiente de trabalho será mera coincidência e que nenhum personagem sofreu coerção ou foi ferido nessa história imaginária, mas que já foi muito real para mim.

Em uma terça-feira de dezembro, 10h da manhã, chega um e-mail do RH com todo mundo em cópia.

Olá, pessoal!

O fim do ano está chegando e com ele o nosso tão esperado amigo-secreto! Vamos fazer a revelação no dia da festa de Natal, por isso não se esqueça de comprar o seu presente com o valor mínimo estipulado em R$50,00.

Nos vemos na festa!

Ass: RH

O sorteio, que aconteceu de forma automatizada por app, apresentou o nome do meu amigo-secreto, e com a revelação veio a grande pergunta: *Quem diabos é Martim?*

O problema já começou por aí. Se o amigo é secreto, eu não deveria contar para ninguém, mas como eu não fazia ideia de quem era, tive que abrir a boca.

— Mari... Mari... Chega aqui...
— Que foi Hiram, porque tu tá falando baixinho?
— Ssshhhh... Fala baixo também... Cola aqui...
— Tá, fala aí!

— Quem é o Martim?
— Ah, o Martim? Ele... Ahhhh tu pegou ele no amigo-secreto, né?
— Sim! Fala baixo, por favor!
— Ele é o cara novo do financeiro, chegou faz nem uma semana.

Bom, agora que eu já sabia quem era e não tinha intimidade nenhuma com a pessoa, eu precisava comprar um presente que agradasse o meu amigo secreto.

Nem preciso falar o perrengue que eu passei para achar qualquer coisa que pudesse agradar alguém que eu simplesmente não fazia a menor ideia de quem era. *Uma camiseta? Mas qual tamanho ele veste? Quem sabe um livro? Mas ele gosta de ler? Já sei! Um vinho! Quem não gosta de um bom vinho?* Comprei um Cabernet, por ser um dos tipos mais consumidos no Brasil. Não tinha como dar errado. Mas deu.

No dia do amigo-secreto, quando foi a minha vez de revelar, eu não sabia o que dizer. Depois de ficar vermelho, constrangido e dizer umas duas pistas óbvias "não conheço muito" e "é do financeiro", dei o presente ao Martim.

"Obrigado, Hiram!", disse o amigo revelado com cara um pouco constrangida. Naquele momento, não entendi muito bem o que se passou. Minutos depois descobri que ele era religioso e não consumia álcool. Eu queria me jogar pela janela. Mas antes que o pensamento tomasse um pouco mais de forma, meu nome veio à tona.

E o meu amigo secreto é o... Hiram!

Lá vou eu me levantar todo sem jeito, dar um abraço e receber o meu presente. "Olha, não achei lá grandes coisas o que você queria e pensei em algo útil pra você, você vai gostar!". Agradeci e recebi uma caixa retangular embrulhada em um papel bonito. Curioso e, como sempre, ansioso, abri logo o presente e veio a surpresa: era uma torradeira.

É de fato um presente muito útil para quem come pão, o que não é o meu caso, que sou celíaco, ou seja, não posso comer nada que leve farinha branca. Como era de se esperar, eu nunca usei o presente e nem lembro para quem eu passei adiante.

História à parte, a lição que eu tirei é que não importa o quão bem-intencionado você esteja. Se você não conhece com quem está falando ou se relacionando, qualquer ação, por melhor que seja, pode ser um grande desastre. Por isso é tão importante conhecer a fundo o seu cliente e o que ele realmente espera do seu produto ou serviço. Para isso, são necessários dados e metodologia, ou você estará fadado a entregar um vinho para quem não bebe ou uma torradeira a quem não faz sanduíches. O resultado será de mal a pior.

3.2. O QUE É PERSONA

Empresas criam produtos e desenvolvem serviços para resolver problemas específicos de grupos específicos de pessoas em aspectos específicos de suas vidas (bastante "específico", não é mesmo?). A persona é justamente essa figura representada em uma pessoa fictícia, mas com muita realidade em seu perfil. Assim como um personagem comum, ela tem histórias pessoais, motivações, objetivos, desafios e preocupações.

Ela, mesmo que sozinha, representa uma grande fatia do público e é a base para muitas respostas da empresa. Por isso, cada persona representa um grupo, e cada um deles requer uma compreensão completa: o que os motiva, quais desafios enfrentam, quais objetivos têm, como se veem, que tipos de mensagens os convencem ou não se engajam e por aí vai.

E não vá pensando que a persona é importante somente para vendas ou marketing. Essa definição é uma grande aliada para a eficácia do programa de customer success. Ela fornece informações sobre o que os clientes estão procurando e lembra os times da operação no que eles devem se concentrar. Cada persona contém informações que definem o que o sucesso significa para o cliente. É um guia para todo o programa de CS.

3.3. PÚBLICO-ALVO X PERSONA X IPC

Este capítulo está estrategicamente focado muito mais em personas do que nos outros dois temas, muito mais por uma questão de objetividade e uso no dia a dia das empresas do que por outros motivos. Mas para que não exista nenhuma confusão nas terminologias, vale a pena abordarmos as principais diferenças entre público-alvo, personas e Ideal Customer Profile, ou ICP.

Público-alvo: de maneira geral, é uma parcela abrangente da sociedade para quem você vende produtos ou serviços. A definição certa do público-alvo engloba muitas informações sobre os hábitos de consumo, preferências, região que residem, poder aquisitivo, dentre outras informações relevantes.

Persona: trata-se da representação fictícia do cliente ideal do negócio. Ela apresenta características físicas, psicológicas e comportamentais. Não se trata apenas de dados, mas também conta uma história que envolve seus desafios, problemas e busca por soluções.

ICP: a sigla significa Ideal Customer Profile. Resume as características do cliente que mais compra, tem qualidade na retenção e em muitos casos se enquadra em perfis de novas compras ou upsell. Ele é o cliente ideal, ou seja, aquele que é identificado com a sua empresa, que enxerga valor no serviço ou produto e pode se tornar até advogado da marca.

Agora que entendemos as diferenças, vamos abordar de forma prática a persona e como podemos usá-la em nossas operações.

3.4. POR ONDE COMEÇAR UMA PERSONA

Sempre afirmo que a maioria das respostas que buscamos está dentro de casa, e neste caso não é diferente. Se você possui uma base de clientes, este será o foco inicial para começar as pesquisas. Mesmo que em um primeiro momento você tenha a impressão de que os clientes, em sua maioria, são diferentes, todos eles já iniciam com um ponto muito em comum: eles já consomem o seu produto ou fazem uso dos seus serviços. Então, o que você oferece que os levou ao mesmo ponto em comum?

Incluirei aqui algumas perguntas-padrão, para ajudar na construção de personas, mas antes vou apresentar algumas das que faço quando me perguntam sobre como construir esse perfil ou como localizá-lo na base de clientes. Responda às perguntas e crie uma lista para cada.

- Quais os clientes com quem você mais gosta de fazer reuniões?
- Quais os clientes que fazem bom uso do seu produto ou serviço?
- Quais os clientes que possuem os maiores tickets médios da sua empresa?
- Quais os clientes que estão há mais tempo na empresa?

Agora que você criou as listas, faça o cruzamento dos dados e crie um grupo com todos os clientes em comum. Há uma grande chance de o caminho inicial de uma ou duas personas aparecer aí.

Observação importante: não tenha o foco somente nos clientes satisfeitos; dê atenção também aos detratores. Em ambos os casos, você tem muito a aprender sobre a percepção do seu produto ou serviço e quais são os principais desafios dos clientes.

3.5. CONSTRUINDO AS PERSONAS

3.5.1. Crie seu perfil com base em pessoas reais

Personas eficazes não são criadas a partir de suposições. Afinal, com certeza você não irá conversar com pessoas imaginárias nem coletar resultados para simplesmente deixá-los na gaveta. Estamos construindo um ou mais personagens e, com eles, suas histórias, mas ao contrário das literaturas ficcionais precisamos ser o mais realista possível.

Sendo assim, podemos incluir as mais diversas informações pessoais e profissionais sobre a persona, e os detalhes específicos que pretendemos focar podem variar de acordo com o tipo de produto ou serviço que você oferece. Contudo, se houver alguns dados em comum, eles podem ser usados desde já.

Nome da Persona: cada persona leva um nome; assim fica mais fácil identificar quando estamos falando sobre um determinado perfil.

Idade, localização geográfica e grau de escolaridade: são alguns dados que se complementam e nos ajudam a entender melhor como podemos nos comunicar.

Cargo que ocupa: do CEO ao estagiário. Que diálogo vamos manter para nos identificarmos melhor? Isso também ajuda a mapear qual o poder aquisitivo do perfil.

Vida profissional ou pessoal: quais são os seus sonhos e quais os objetivos são alguns pontos que podem ser explorados em cada tema.

Desafios, frustrações e medos: foque esses temas no ambiente em que você poderá atuar com o seu produto ou serviço. Ultrapassar essa linha pode levar seu relacionamento com o cliente por água abaixo.

Receios: quais os possíveis preconceitos que o cliente sinaliza em relação ao produto e à empresa.

Problema X produto: como a pessoa lida com o problema que seu produto planeja resolver? Qual a eficiência que ela já obtém no seu dia a dia?

O que a pessoa vai precisar da sua solução: o que realmente para ela vale a pena? Por que seu produto é tão necessário para esta persona?

Que frase a define: se a pessoa tivesse uma frase ou jargão, qual seria? Isso ajuda a definir em uma só frase a persona como um todo.

Agora que você tem uma base de perguntas que podem ajudar, vamos ao próximo passo, que é tão básico, mas ao mesmo tempo tão importante, que reservei um tópico especialmente só para ele: chegou a hora de ouvir o cliente.

3.5.2. Escute o seu cliente

Você já deve ter escutado que pesquisas exigem tempo e muito investimento, correto? Mas antes de criarmos um bloqueio inicial, que tal começarmos escutando os nossos clientes? Fazer pesquisas quantitativas, focus groups e entrevistas direcionadas são ótimas formas de conseguir informações, mas precisam de um bom investimento. Então, que tal aproveitar as calls para coletar informações?

Deixe o senso comum guardado em uma gaveta e fique realmente disposto a ouvir. Afinal, você quer o máximo de informações possível sobre quem são seus clientes e o que eles estão procurando. E como estamos falando de customer success, a pergunta focal sempre será em volta do tema: "O que define o sucesso para os meus clientes?"

Para começar a coleta de dados, você não precisa ser tão metódico ou mesmo formal. Sempre que estiver em contato com um cliente, tire alguns minutos e faça perguntas sobre por que ele usa seu produto, qual a percepção dos serviços oferecidos e o que está realmente procurando. Depois de ouvir o cliente, anote tudo e guarde bem essas valiosas informações. Posso te contar uma coisa? Em muitas reuniões, você nem vai precisar perguntar; o cliente por si só vai falar, basta ter ouvidos para ouvir.

Há outras fontes muito ricas e gratuitas para você pesquisar. Sua empresa provavelmente tem uma lista de contatos e e-mail, software de CRM e outros bancos de dados que contêm informações de clientes. Peça esses dados às áreas responsáveis e cruze as informações com o que você já tem. Essa é uma boa maneira de coletar informações como cargos, responsabilidades, setor e assim por diante. Com certeza você vai encontrar novas informações relevantes para o seu dia a dia.

3.5.3. Limite suas personas

"Hiram, terminamos a nossa construção de personas. No total vamos trabalhar inicialmente com 6". Toda vez que escuto algo assim, já tenho em mente que algo pode estar errado. Quando se está criando pela primeira vez, é muito comum a ideia de que quanto mais personas, melhor, porque dá a sensação de que temos muitos tipos de clientes totalmente diferentes. Mas posso garantir que o resultado estratégico pode ser desastroso.

Se formos pensar que cada persona pode exigir uma estratégia diferente, isso significa uma pesquisa específica para cada uma delas, desenhos de jornadas plurais, foco nos clientes de forma diversificada, estratégias de contato em padrões diferentes e custos duplicados ou mesmo triplicados. Posso garantir que o trabalho que isso dá faz com que nem se chegue à metade do projeto, ou nem sequer saia do lugar. Sem contar o tempo que essa construção leva. E mais: como todos do time precisam estar cientes de quem são essas personas, a probabilidade de entrarem em uma confusão por terem muitos dados é grande. Os CSs mudam a base, mudam de níveis de atendimento, e as personas precisam estar bem alinhadas para não haver problemas no atendimento.

É importante decidir quantas personas você vai criar antes de realmente iniciar o processo. Essa definição é muito importante, pois lá na frente você pode perder o controle dos dados quando for o momento de compilar e classificar resultados e insights. Por isso, para começar, tenha o foco em duas ou três personas. Elas serão o aprendizado inicial para entendermos se o número está ok e a qualidade dos insights extraídos também.

Não é na primeira tentativa que acertamos em cheio a descrição e informações, então alguns ajustes também precisam ser realizados, faz parte do aprendizado. Mesmo com uma base muito grande e heterogênea, mantenha o número entre duas ou três, até entender se há necessidade de ajustes.

3.5.4. Prepare a estrutura da narrativa

Certamente, coletar todos os dados não foi uma tarefa das mais fáceis, porém tenha certeza de que será recompensador. Chegou o momento de estruturar os dados que foram coletados para fazermos o projeto. Aqui é possível inserir todos os dados em uma planilha simples de Excel. O nome das pessoas nas linhas e os dados das respostas nas colunas já podem ser um passo simples para a análise inicial, caso você não tenha intimidade com a ferramenta.

Para ilustramos um exemplo e deixarmos a coisa mais prática, vamos partir do ponto em que estamos criando essa persona para uma empresa de chatbots, ou seja, um software que conversa com o cliente em linguagem natural por meio de aplicativos de mensagens, sites e outras plataformas digitais.

Nome da Persona: Gustavo

Idade, localização geográfica e grau de escolaridade: 37 anos, morador de Florianópolis/SC e com ensino superior completo.

Cargo que ocupa: redator em uma agência de propaganda.

Vida profissional ou pessoal: tem objetivo de ampliar seu trabalho no marketing digital.

Desafios, frustrações e medos: com sua técnica focada por muitos anos em propagandas tradicionais (TV, jornal e rádio), hoje seu desafio é adaptar sua técnica às conversas do bot para os clientes da empresa que atende.

Receios: tem a ideia de que a complexidade do produto pode atrapalhar o seu desenvolvimento.

Problema X produto: o produto vai ajudar na prática a resolver as demandas de atendimento aos clientes.

O que a pessoa vai precisar da sua solução: melhorar o atendimento aos clientes e deixar a empresa que atende satisfeita.

Que frase o define: feito é melhor que perfeito.

Com as informações coletadas e compiladas, agora temos uma ideia de com quem você está trabalhando e o que ele quer. Todas as informações que você adicionar a essa persona devem vir de pesquisa. Não adivinhe quais podem ser as objeções. Pergunte à sua equipe de vendas, marketing ou mesmo suporte. Não tente adivinhar as coisas, use suas listas de contatos para descobrir com quem você está, de fato, falando.

3.5.5. Conte a história da sua persona

Os dados foram compilados e as informações estruturadas. Agora, para um melhor entendimento da persona, vamos criar a sua história. Lembre-se, não insira nada adicional se não tiver certeza dessa informação. Um dado errado pode levar todo o projeto para uma direção equivocada. Vamos aos exemplos mantendo a plataforma de chatbot como referência.

> **Persona 1:** Gustavo tem 37 anos, é morador de Florianópolis/SC e tem o ensino superior completo. Ele é redator publicitário em uma agência de propaganda. Busca hoje ampliar seu trabalho no marketing digital. Com sua técnica focada por muitos anos em propagandas tradicionais (TV, jornal e rádio), hoje seu desafio é adaptar sua técnica às conversas do bot para os clientes da empresa que atende. Tem a ideia de que a complexidade do produto pode atrapalhar o seu desenvolvimento. O produto vai ajudar na prática a resolver as demandas de atendimento, além de melhorar o atendimento dos clientes e deixar a empresa que atende satisfeita. Sua frase: feito é melhor que perfeito.

> **Persona 2:** Andreia tem 25 anos, é moradora de São Paulo/SP e está concluindo o ensino superior em administração. Ela busca entender como ampliar as vendas da empresa através de novas tecnologias. Possui hoje o desafio de aumentar as vendas na empresa em que trabalha. Tem a ideia de que a ferramenta de chatbot pode ajudar, e muito, em suas vendas e bater as suas metas. Sua frase: *bora* bater meta!

Apesar de histórias, lugares e momentos de carreira diferentes, Gustavo e Andreia são personas que vivem desafios que precisam da mesma ferramenta. São personas que, apesar de fictícias, representam várias pessoas com pontos em comum. Agora que as temos definidas, vamos entender como aplicar isso em CS.

3.6. PERSONAS E CUSTOMER SUCCESS

Dentro do cenário de customer success, o lugar para um primeiro contato das personas é na fase de integração de novos colaboradores. Esse é o ponto de contato inicial em que um CS precisa saber quem são os clientes, como eles definem o sucesso, seus pontos de engajamento e pontos sensíveis que possam influenciar como seu time faz o trabalho.

As personas também podem estar em treinamentos na área, não apenas para as equipes de CS, mas para toda e qualquer outra pessoa envolvida com as atividades. O time de vendas e marketing deve entender as personas para que possam se concentrar nas definições de customer success. Validar as personas com os demais setores ajuda na manutenção da descrição e de todo o processo.

Além disso, é muito importante o suporte estar alinhado sobre quem são as personas. Um conjunto de tickets abertos pode estar diretamente atrelado a uma necessidade de alguma persona. Essa visão ajuda a entender a relação entre a solicitação e o objetivo final do cliente, tornando o processo mais eficiente.

3.7. PERSONAS NÃO DURAM PARA SEMPRE

Com as personas criadas, se dá a impressão de que elas irão durar para sempre. A verdade é que no mundo dos negócios as coisas mudam mais rápido do que esperamos. Uma nova tecnologia, uma nova tendência de comportamento, um novo modo de pensar do mercado, mudança na estratégia da empresa ou lançamento de um novo produto — pronto, sua persona já é outra.

A persona precisa, antes de tudo, ser considerada uma documentação viva, que naturalmente será alterada e revisitada com alguma frequência. Quando algo de novo aparecer, é preciso estar atento e compartilhar essa informação com os times. Esse conjunto de informações valiosas pode ser compilado e trazido a cada seis meses ou anualmente para uma nova validação da persona.

Conhecer o cliente é um dos primeiros passos para construção de uma jornada de sucesso.

3.8. CHECKLIST DO CAPÍTULO

- ☑ O que é persona
- ☑ Personas X público-alvo X ICP
- ☑ Como criar uma persona
- ☑ Personas e customer success
- ☑ Personas não duram para sempre

CAPÍTULO 4
JORNADA DO CLIENTE

4.1. SOBRE O TEMPO E SUAS MEDIDAS

Desde criança sou fascinado pela questão do tempo. Lembro como se fosse ontem quando, com apenas seis anos de idade, sentado no banco traseiro do carro do meu pai, perguntei a ele quanto tempo faltava para o Natal.

— Pai, quanto falta para o Natal?
— Agora só faltam 3 meses, meu filho.

O quê? Três meses! E ele fala assim, desse jeito? Falta muito tempo!, pensava eu no banco de trás, vendo que ainda faltava uma eternidade para o Papai Noel passar na minha casa e entregar o meu presente. O tempo é uma entidade elástica, e mal sabia eu quão rápido ele passaria para mim.

Como uma pessoa naturalmente ansiosa, sempre tive a visão focada no excesso de futuro. E acredito que muitos outros vivam essa situação. Em uma sociedade focada em "agora" e "para ontem", com busca de atendimentos de excelência e centrados no cliente, levamos a nossa régua para o alto e cobramos por isso. O tempo é o médico que cura e o monstro que nos atormenta. Dentro de um mercado tão competitivo, como lidar com isso?

Ah, se tivéssemos uma bola de cristal que nos contasse tudo sobre o futuro. Na verdade, isso, não temos, mas podemos trabalhar em um processo que dá luz ao que chamamos de *previsibilidade*.

Clientes têm em sua maioria hábitos de consumo, seja como B2C ou B2B, e veja bem: são comportamentos previsíveis. Ou seja, mesmo não sabendo o futuro de fato, podemos saber quais são os próximos passos que eles podem dar com o nosso produto ou serviço. Assim, a nossa "bola de cristal" tem nome, sobrenome e metodologia: chama-se jornada do cliente.

A seguir, vamos explicar como ela funciona, dividi-la por etapas em uma linha do tempo e demonstrar como podemos prever ações e dar passos mais adiante junto aos nossos clientes. Desenharemos um ponto inicial, para deixar claro, de modo que você possa contextualizar tudo dentro da sua empresa.

Um trimestre, 45 dias ou mesmo uma semana. O ciclo do cliente varia em cada setor e atendimento, logo o tempo vai passar de maneira diferente para cada um. E assim como o pequeno Hiram que enxergava o tempo passar lentamente, o que significam três meses para o seu modelo de negócio?

4.2. O QUE É A JORNADA DO CLIENTE

A jornada do cliente é uma história, um caminho ou uma trilha que o cliente percorrerá com o seu produto ou serviço. Esse mapa desenha de forma sistematizada como os clientes se comportam (ou deveriam se comportar) durante o tempo que estão com você.

É um planejamento que tem por objetivo antecipar como um cliente agirá em cada etapa do processo. Basicamente o ciclo de vida do cliente será o norte do seu mapa da jornada de sucesso. Ao final da construção, ele será um documento (ou coleção de documentos) que mostra quando e como as diferentes equipes ou CSs da empresa devem entrar em contato com um cliente.

4.3. MOTIVOS PARA TER UMA JORNADA

Melhor acompanhamento do cliente: você de fato não pode prever o futuro do cliente, mas consegue mapear o que ele pode fazer. Todo o consumidor tem um comportamento em comum, assim a jornada faz com que suas ações possam ser preditivas.

Mapear os pontos de contato: isso faz com que seja possível identificar as diferentes interações que os clientes têm com sua marca antes de dar o próximo passo com você. Além de ser vital para o atendimento em customer success, essa ação ajuda você a criar campanhas de marketing mais eficazes e colabora para feedbacks em novas funcionalidades de produto.

Maior fidelidade e o engajamento do cliente: se você tem um caminho criado, fica mais claro ao cliente aonde ele vai chegar e como você o conduzirá. Ao determinar uma jornada para seus clientes, você fornecerá ótimas experiências, além da possibilidade de novos negócios e aumento da permanência deles com você, se tornando uma estratégia essencial na retenção de clientes .

Melhor experiência do cliente: com informações na jornada do cliente, você pode melhorar as experiências com sua marca, aumentando a probabilidade de conversões. Cada ponto da jornada apresentará objetivos, metas e dados diferentes que apontam insights para que o valor gerado ao cliente seja observado e principalmente efetivo ao ponto de atingirmos o encantamento em nosso relacionamento.

4.4. COMO CRIAR UMA JORNADA DO ZERO

4.4.1. Defina o que é sucesso para o seu cliente

Se você não sabe como é o sucesso do seu cliente, terá dificuldade em criar um mapa bem-sucedido da jornada. Uma coisa que vejo em muitas empresas é que elas confundem a definição de sucesso. Pensando em seu modelo de negócio e objetivos, acabam atropelando o foco principal: o cliente.

Como empresa, queremos vender mais, ter lucratividade, rentabilidade, ou seja, sermos bem-sucedidos no mundo dos negócios, porém a armadilha pode estar nesse pensamento: afinal a empresa existe para obter lucros, mas o que ela realmente soluciona na vida da pessoa para quem ela oferece um produto ou serviço?

Para termos essa resposta, aí vai uma dica muito simples, porém eficaz. Vá até seus clientes e pergunte diretamente a eles. Descubra como eles definem o sucesso e como seu produto ou serviço se encaixa nessa definição. Você pode ter respostas bem diferentes das suas.

4.4.2. Estabeleça os objetivos

Toda rota tem um destino. Se você não sabe para onde ir, também não vai saber aonde quer chegar. Por isso, o segundo passo é entender os objetivos de negócios que você vai construir para sua jornada. Em cada etapa deste processo, haverá metas diferentes, porém todas elas precisam estar orientadas a um mesmo ponto final.

Um dos pontos que faz com que as jornadas falhem é a falta de dados dos clientes durante o caminho. Os mapas são difíceis de serem bem desenhados sem depender dos dados para determinar os comportamentos dos clientes. Pontos de contato com maior engajamento e níveis de satisfação do cliente durante cada etapa podem ser mensurados por meio da implementação de programas de voz do cliente, implantação de pesquisas e monitoramento por métricas através de softwares especializados em CS.

4.4.3. Defina quem seguirá o caminho

Imagine entrar em um avião rumo a uma destino, mas a companhia aérea acaba te levando por engano para outra cidade. Não importa o quanto o atendimento for excelente na aeronave, certamente não será uma boa experiência. Por isso, defina bem a persona que seguirá essa jornada.

Um dos maiores erros das empresas é achar que a jornada é algo de um só departamento. As organizações precisam entender que essa tarefa é multidisciplinar, afinal o cliente passa por marketing, vendas e depois customer success, isso sem contar os outros setores que também têm responsabilidades conectadas ao cliente. A conexão entre as áreas possibilita receber informações de vários olhares diferentes. Além disso, o mapa do cliente precisa estar alinhado com todos os times, para educar as pessoas, ajustar processos e fortalecer o discurso de foco no cliente.

4.4.4. Estabeleça os pontos de contato

Mapear uma jornada significa entender os padrões de uso dos clientes e manter o engajamento para a manutenção de maior tempo de relacionamento possível. Para isso, estabeleça pontos de contato tendo uma cadência em cada etapa: maior tração no início, para acelerar o processo, e depois contatos estratégicos com as metas já estabelecidas. Mais adiante, teremos detalhes de cada ponto.

Além disso, procure mapear as oportunidades de comunicação. Durante o caminho haverá diversas formas de fortalecer o seu contato. Mídias sociais e e-mail marketing são apenas alguns exemplos. Teremos um capítulo completo só para falar de customer marketing.

4.4.5. Liste oportunidades de novos negócios

A jornada serve não só para manter o cliente em sua carteira, mas para amadurecê-lo junto ao seu produto ou serviço prestado. Com os pontos de contato estabelecidos, podemos também desenhar oportunidades previsíveis para vendas de novos produtos relacionados ou aumentar o plano que o cliente já usa.

4.4.6. Teste sua jornada

Há algumas formas de se testar uma jornada. Aqui, observo dois pontos que acho interessantes e mais fáceis de serem aplicados. A primeira é fazer um MVP (Minimum Viable Product) do projeto, ou seja, pegar um grupo pequeno de clientes, fazer uma amostragem dessa jornada e, mais adiante, replicar para o restante da base. Outra forma é você mesmo simular, como cliente, e testar como facilitar a evolução dele no processo do ponto de contato inicial até a renovação do contrato.

4.4.7. Reveja o mapa sempre que precisar

Nunca trate o mapa da jornada como uma coisa estática. Se os clientes, os mercados e os produtos mudam constantemente, por que com a sua jornada seria diferente? Sem atualizações frequentes, os mapas de jornada do cliente podem se tornar imprecisos ou desatualizados.

Por isso, busque revisitar e refinar o mapa da jornada do cliente sempre que houver alterações significativas no mercado ou mesmo no seu negócio. Dividir o mapa em etapas pode ajudar a atender às necessidades específicas de seus clientes, não importa em que ponto estejam.

4.5. COMO A JORNADA SE DIVIDE

De forma bem resumida, a jornada do cliente pode ser dividida em quatro macromomentos. Cada um deles terá uma atenção especial nos capítulos posteriores. Agora, darei uma base para melhor compreensão do que vem por aí.

| Implementação | Adoção | Expansão | Renovação |

4.5.1. Implementação, ou onboarding

Você não tem uma segunda chance de causar uma primeira impressão. A implementação lida com esse contato inicial e fornece confiança ao cliente em potencial sobre as organizações com as quais está lidando e o produto que está considerando.

Um excelente playbook de onboarding ajuda a entender os primeiros benefícios do produto ou serviço, orienta nas configurações e usabilidade além de fornecer o suporte inicial. As primeiras semanas do onboarding são essenciais para os próximos passos. Sempre mantenha a ideia que o processo é um fluxo contínuo, Com isso seguimos para a próxima fase.

4.5.2. Adoção, ou ongoing

Aqui o cliente já usa a ferramenta, e chega a hora de fornecer ainda mais: gerar um propósito de modo que ele veja o real valor do seu produto ou serviço e se mantenha engajado. Em muitos casos, temos uma falsa impressão de que depois do onboarding o cliente já esteja 100% apto a fazer uso correto das nossas soluções, porém é muito comum que os clientes, por mais avançados que sejam, sintam dificuldades, deixem de utilizar a ferramenta e, ao fim de um tempo, cancele o serviço. O ongoing dentro da jornada opera com o propósito de o cliente aumentar sua adoção e crescer na usabilidade do produto.

4.5.3. Expansão, ou expansion

Em algum momento da jornada, quando o cliente já atingiu um certo grau de maturidade e uma adoção mais avançada, são grandes as chances de expandir a conta em uso. A expansão do cliente nada mais é que a prática de criar mais valor para os clientes e, como resultado, gerar receita extra dos usuários que você já possui. Há algumas formas e estratégias de upgrade upsell e cross sell de contas, que veremos mais adiante.

4.5.4. Renovação, ou renewal

Se formos pensar em tempo de jornada, posso dizer que esta fase está entre os 90 a 60 dias finais dos 12 meses de uma assinatura de um produto ou serviço. A renovação é o resultado bem-sucedido da jornada do cliente. Durante todo o período do ongoing, é essencial que o cliente continue vendo valor na solução, tenha sucesso e, ao fim do período de assinatura, decida renovar o contrato. Nesse processo, há diversas técnicas que iremos trabalhar no decorrer dos próximos capítulos.

4.6. A JORNADA E SEUS DESAFIOS

Deixa eu te contar que criar uma jornada não é o passo mais difícil do processo. O desafio maior está em implementá-la com apoio de toda a empresa. Por isso, tenha calma e paciência ao desenvolver esse trabalho. O que dá pra fazer é criar seguindo um passo de cada vez.

Se você não tem uma boa definição de como é o sucesso do cliente, comece por aí. Caso já tenha conhecimento, mas não saiba exatamente o que sua equipe ou você, como CS, precisa fazer para ajudar, siga a partir deste ponto. Se a empresa tem um nível de maturidade que apresenta métricas, mas ainda não as liga aos estágios do ciclo de vida do cliente, este pode ser um belo começo.

Não importa em qual passo você está nessa caminhada. Como o próprio sucesso do cliente, é um processo contínuo e de aprendizado constante. Um último conselho neste capítulo: a coisa mais importante que você pode, precisa e deve realmente fazer é começar.

4.7. CHECKLIST DO CAPÍTULO

- ☑ O que é a jornada do cliente
- ☑ Sobre o tempo e suas medidas
- ☑ Motivos para ter uma jornada
- ☑ Como a jornada se divide
- ☑ Como criar uma jornada do zero
- ☑ A jornada e seus desafios

CAPÍTULO 5

SUPORTE: VOCÊ É NADA SEM ELE

5.1. O PLANO DE SAÚDE QUE QUASE ME DEIXOU DOENTE

"Olha, esse aqui é bom e está pela metade do preço", foi o que o vendedor me disse quando me ofereceu um plano de saúde. A ideia era boa, migrar de plano e ter quase todos os acessos que o anterior me dava. Sem pensar muito ou pesquisar demais (acho que aí foi o meu erro), fiz a troca. Mal sabia o que me esperava.

Vamos testar o novo fornecedor, pensei. Precisava de um atendimento simples, ir a um oftalmologista e ver se estava tudo ok ou se precisaria trocar as lentes do meu óculos. Apenas ligaria para a clínica, agendaria e compareceria na consulta. Coisa bem fácil de se fazer, mas para o plano novo, a coisa não era bem assim.

— Senhor, até dá para marcar, mas não sem a autorização do seu plano.
— Como assim? Não posso fazer direto? Tenho que ligar para um número?
— Isso mesmo, senhor. Eles vão te passar as informações.

Pense no perrengue. Primeiro, achar o número. Consegui em um e-mail com as informações nos novos processos, mais "fáceis", "práticos" e "modernos". Uma barreira para quem precisa fazer algo simples, mas vamos lá. Hora de telefonar para o plano.

Liguei e recebi um atendimento automático que me enviou para uma espera de 30 minutos! Perseverei, e a ligação caiu. Tentei novamente e mais uma tentativa esperando 18 minutos com direito a "Digite 1... Digite 2... Informe o seu CPF... Número da carteira do plano...", até que fui atendido. Um alívio surge momentaneamente, até descobrir que aquele número não era o do canal de atendimento da minha cidade. Hora de tentar um novo canal, que eu havia descoberto em um chat no site.

Abri um chamado. Cerca de quatro horas depois, alguém do canal me respondeu. Sim, eu fiquei com a aba aberta do site até ser atendido. Depois de informar o meu CPF e o número da carteira do plano, o operador me pediu os mesmos dados... e disse que não poderia me ajudar, pois o chat era apenas para outra capital. Estava procurando uma consulta oftalmológica, mas já sentia que ia ter um infarto. Não desisti.

Vamos de 0800 da ouvidoria. Se você trabalha com atendimento, sabe que especificamente neste caso existem dois tipos básicos de clientes: os que estão insatisfeitos e quem trabalha na área. Se tem algo que digo em minhas palestras é: não deixe uma pessoa que trabalha com excelência em atendimento ser mal atendida. Esperei 25 minutos para falarem comigo. "Digite 1... Digite 2... Informe o seu CPF... Número da carteira do plano...", "Alô... Boa tarde, senhor... Pode me informar o seu CPF e o número da sua carteira?". E a minha paciência acabou ali.

Quando a coisa chega a esse nível, a culpa não está em quem se encontra na linha de frente, ela se localiza em quem molda os processos. Dessa forma, eu não quis mais falar com o atendente e solicitei uma conversa direto com o líder da operação, e essa pessoa teve que me ouvir.

Confesso que não foram xingamentos, mas tampouco foram palavras doces. Minha inteligência emocional foi posta à prova e o feedback foi franco e muito duro. Contei tudo que passei até ali, disse o quanto me senti lesado em cada atendimento e a péssima experiência em todo o contexto. E após todo o esforço de tentar marcar uma simples consulta, eu vou te contar uma coisa: meu problema não foi resolvido. Parti para as mídias sociais e outros canais, e disse ao vendedor que me vendeu o plano para não oferecê-lo mais aos seus clientes, mostrando-lhe os diversos prints de pessoas completamente irritadas pelo mesmo problema que eu passei.

Quinze dias depois, tentei fazer o processo novamente (sim, eu sou um pouco insistente), e dessa vez deu certo. Esperei no atendimento mais 30 minutos, mas consegui agendar e fui muito bem atendido na clínica.

Enquanto escrevo este livro, já estou procurando uma nova operadora de saúde, convenci 5 pessoas a não comprarem o plano e o levarei como um case para minhas próximas palestras: como uma simples operação de atendimento mal feita pode prejudicar uma empresa inteira.

Suporte é tudo.

5.2. O QUE É O SUPORTE AO CLIENTE

A pergunta parece ser muito básica, mas é incrível como as definições se confundem no dia a dia. Em poucas palavras, o suporte ao cliente é o conjunto de serviços oferecidos pela empresa para ajudar os clientes a fazer um excelente uso do produto ou serviços e resolver os mais variados problemas.

Ele pode se apresentar nos mais diversos formatos. Isso pode variar de acordo com a forma como atende, a complexidade de resolução ou mesmo o nível de atendimento diferenciado de acordo com o cliente (premium ou VIP, por exemplo).

Na prática, é muito provável que você já tenha passado por algum canal de atendimento com suporte telefônico como um call center, ter trocado e-mails com abertura de tickets em helpdesks, ter buscado sozinho uma base de atendimento ou mesmo ter trocado informações com um chatbot. Todos eles são eficientes canais de suporte, se usados da maneira correta.

5.3. SUPORTE NÃO É CUSTOMER SUCCESS

Antes de mais nada, é extremamente importante deixar muito claro que suporte não é customer success. Elas são áreas complementares e em um primeiro momento é preciso optar por uma delas; não tenho dúvidas de que se deve dar prioridade ao time de suporte. Há um grande equívoco, em muitos casos, de as empresas entenderem que os times de suporte evoluem para o customer success, o que não é verdade; as duas áreas acabam evoluindo, mas com estratégias diferentes. As duas possuem especializações e metodologias diferentes. Veremos as principais diferenças a seguir.

Suporte é reativo X CS é proativo: os times de suporte resolvem problemas quando eles surgem, como questões técnicas ou ligados a ferramentas. Já o time de customer success atua de forma antecipada, proativa, focada em uma jornada do cliente apresentando oportunidades e resolvendo problemas antes mesmo de eles aparecerem.

Suporte tem curto relacionamento X CS relacionamento longo: o papel do suporte está ligado principalmente a respostas de tickets, não há uma carteira específica em que tenha foco. No caso de profissionais de CS, a relação é mantida estrategicamente o máximo de tempo possível, com formas diferentes de atendimento ao longo da vida do cliente na carteira.

Suporte não tem clientes fixos X CS com carteira de clientes: o time de suporte pode trabalhar por níveis de atendimento, como veremos a seguir, mas raramente irá atuar com uma carteira fixa, ao contrário do time de CS, que atua com uma gestão de clientes com características afins, seja pelo modelo de negócio ou mesmo pela receita, por exemplo.

Métricas de suporte X métricas de CS: uma grande diferença entre o suporte e o CS está nas métricas que as duas equipes usam para medir resultados. Enquanto suporte se baseia em métricas como tempo da primeira resposta, taxa de resolução no primeiro contato e taxa de resolução total, o time de CS segue números diferentes como evolução nos marcos de sucesso, taxas de upsell e churn.

5.4. COMEÇANDO UMA OPERAÇÃO DE SUPORTE DO ZERO

Se você está pensando em criar ou desenvolver um time de customer success sem preparar o time de suporte, posso garantir que as chances de dar errado são bem grandes. Por isso, comece pelo básico do atendimento até que possa ter qualidade no atendimento ao cliente de forma reativa, para só depois partir para um atendimento com previsibilidade.

5.4.1. Separando os níveis de atendimento

Um suporte bem estruturado, mesmo com poucas pessoas atuando no setor, precisa de organização. Quando tem processos bem ajustados, é possível otimizar fluxos de atendimento, ser assertivo na solução de chamados, e os colaboradores conseguem ter uma carga de trabalho bem distribuída, evitando possíveis estresses desnecessários e gerando um bom clima organizacional e clientes satisfeitos. Para isso, podemos dividir os atendimentos em níveis, como vemos a seguir.

Nível 1: é o primeiro nível de atendimento. Geralmente os tickets são abertos via e-mail, chat ou mesmo em contato telefônico. Independentemente do canal de comunicação, é papel do N1 fazer a triagem e entender se ele poderá gerir a solução sozinho, atendendo a uma dúvida simples ou de baixa complexidade e solucionar o problema, ou receber a solicitação e encaminhá-la para a área responsável por resolvê-lo. Em ambos os casos, mesmo com encaminhamento do caso a outro setor, é recomendado que o atendimento fique em apenas um profissional até ter o problema do cliente resolvido.

Nível 2: é o segundo nível de atendimento. Nele, entram os atendentes geralmente com com mais experiência na área e que conseguem realizar atendimentos com maior complexidade. Nesse time temos, na maioria das vezes, técnicos de suporte com profundo conhecimento do produto ou serviço, mas não necessariamente profissionais que estão ligados ao desenvolvimento do produto/serviço.

Nível 3: é o terceiro nível de atendimento e o mais raro de ser encontrado nas empresas, visto que as complexidades geralmente são resolvidas nos níveis anteriores. O suporte N3 é destinado a resolver casos de alta complexidade, com um time composto de profissionais com nível técnico avançado. Devido aos grandes desafios impostos pelo nível do atendimento, os técnicos de nível 3 buscam definir as causas-raiz, usando designs, códigos ou especificações de produtos. Novas correções são documentadas para uso pelas equipes de nível 1 e nível 2.

5.4.2. Definindo os SLAs de passagem

Acordos de passagens de atividades são peças-chave para um bom funcionamento entre as áreas. Observo que a maioria dos conflitos entre os setores decorre de desalinhamentos, havendo sempre a sensação de que alguma pessoa foi prejudicada. Isso pode variar desde um ruído na comunicação até um desentendimento entre áreas, gerando desgastes totalmente desnecessários com um SLA bem formatado. A seguir, aponto alguns casos com sugestões para cada cenário:

N1 para N2: em muitos casos, há uma linha muito tênue do que podem ser demandas de nível 1 e o que podem ser demandas de nível 2. Estabelecer a tarefa por complexidade ajuda, e muito, a delimitar o papel de cada um. Ter exemplos de casos e resoluções também ajuda a ilustrar os pontos que fazem a construção de um SLA eficiente entre as duas áreas.

N1 para CS: há uma regra que vejo na prática que funciona muito bem. Se as dúvidas são ferramentais ou de aspecto do serviço ofertado, são casos para o suporte. O ticket aberto referente a dúvidas estratégicas, atendimentos com previsibilidade ou fora do ambiente reativo é direcionado ao time de customer success.

N1 para produto: se as resoluções estão fora do atendimento de dúvidas ou complexidade de N2, certamente estarão com foco em produto. Em casos de resolução de bugs, ajustes na ferramenta ou indicação de melhorias, o direcionamento segue para o time de produto. Um questionário com perguntas, espaço para deixar prints e até mesmo o código onde possa estar o problema ajudam na resolução do caso com mais eficiência e assertividade.

5.4.3. Criando processos básicos de atendimento

Para que um atendimento seja padronizado, não basta alinhar uma forma de atender, é preciso ter processos. Com os níveis de atendimento separados e SLAs desenhados, chega a hora de desenhar os fluxos de atendimento.

Ter passos determinados ajuda a otimizar as tarefas do dia a dia e reduz os gastos na operação. O atendimento se torna mais objetivo, e com isso podemos desenhar playbooks (cartilhas de atendimento), o que ajuda no desenvolvimento dos colaboradores do time de suporte.

Com as ações do atendimento organizadas, fica muito mais fácil encontrar pontos que precisam de ajustes, o que agiliza as melhorias e faz o atendimento se tornar cada dia mais eficiente. Há diversas formas de se criar fluxos de atendimento. A seguir, vou trazer alguns exemplos que podem servir de inspiração para os mais diversos tipos de operações.

5.4.4. Fluxo de suporte envolvendo N1 e N2

Quando a complexidade do processo vai além do atendimento inicial, se faz necessária a ação do time de N2. Observe que mesmo que o chamado siga para outro nível, ele volta para o atendimento em N1, que centraliza a ação.

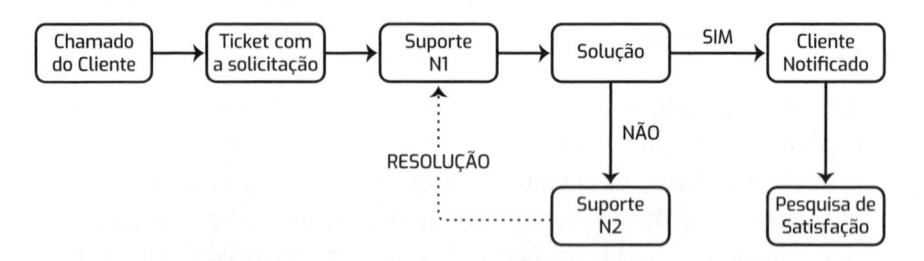

```
Chamado      →  Ticket com    →  Suporte   →  Solução  --SIM-->  Cliente
do Cliente      a solicitação    N1                              Notificado
                                   ↑            |                   |
                                   :           NÃO                  ↓
                              RESOLUÇÃO         ↓               Pesquisa de
                                   :.........Suporte            Satisfação
                                             N2
```

5.4.5. Fluxo de suporte envolvendo N1 e customer success

Há demandas que chegam ao time de suporte que não estão na estratégia de atendimento ao cliente e precisam de um cuidado mais proativo em uma gestão de carteira. Nesse caso, o ticket pode não retornar ao suporte.

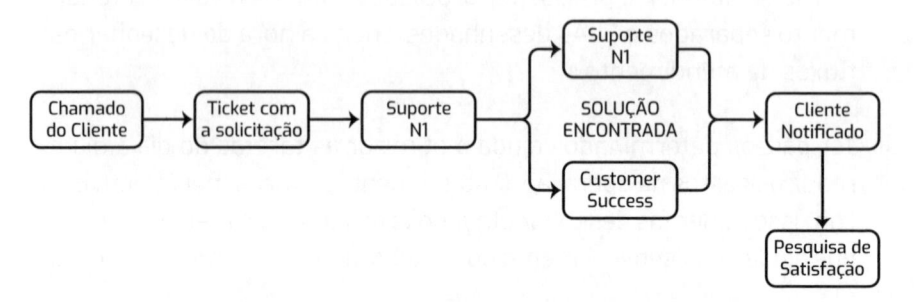

```
                                              Suporte
                                                N1
                                              ↗
Chamado    →  Ticket com   →  Suporte  →  SOLUÇÃO     →  Cliente
do Cliente    a solicitação   N1          ENCONTRADA     Notificado
                                              ↘             |
                                           Customer         ↓
                                           Success      Pesquisa de
                                                        Satisfação
```

5.4.6. Fluxo de suporte envolvendo N1 e outras áreas

Quando não há um time específico como um suporte via financeiro, um profissional de social media para demanda pós-venda ou outras questões específicas, a solicitação chega ao time de suporte que faz o atendimento ao cliente e trabalha em todo o acompanhamento do chamado.

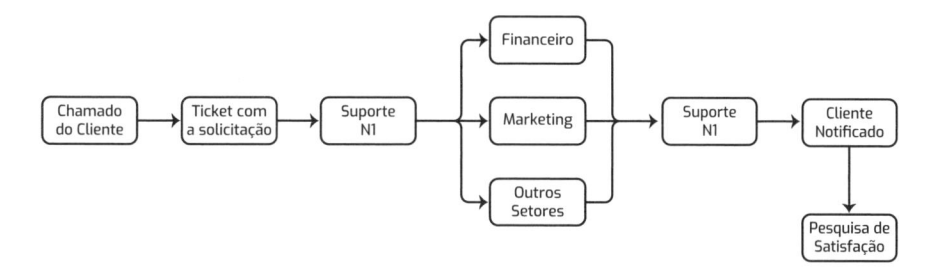

```
Chamado do Cliente → Ticket com a solicitação → Suporte N1 → [Financeiro / Marketing / Outros Setores] → Suporte N1 → Cliente Notificado → Pesquisa de Satisfação
```

Agora que temos uma base para onde vai o atendimento, precisamos entender como fazer isso de forma prática e estruturada.

5.5. BOAS PRÁTICAS DO TIME DE SUPORTE

5.5.1. Tenha uma base de conhecimento

Ter uma base de conhecimento vai muito mais além de ter um compilado de informações. Vejo inúmeras empresas criando suas bases e depois simplesmente se esquecendo de atualizá-la. Assim, aquilo que era pra ser uma excelente ferramenta vira mais um projeto esquecido em um arquivo de documentos.

Criando uma base, você:

- → Facilita o acesso de conhecimento ao time.
- → Amplia o seu autoatendimento ao cliente.
- → Reduz o volume de tickets do suporte.
- → Gera informações ao chatbot.
- → Aumenta a satisfação de clientes.

Criar uma boa base dá trabalho, mas é uma das ferramentas mais importantes ao se tratar do atendimento ao consumidor. E há uma maneira de construí-la de forma mais agilizada, prática que usei e validei em alguns estudos relacionados à estrutura de bases de conhecimentos.

Comece criando uma lista de tópicos a serem escritos. Recomendo fazer isso utilizando uma planilha com as colunas "Tema", "Assunto", "Link do documento" e "Autor". Em seguida, observe a fila de suporte para ver quais perguntas você responde repetidamente e converse com sua equipe, para ter uma ideia do que eles acham que são as perguntas mais frequentes. É interessante observar que nem sempre os temas de demanda e percepções do time são os mesmos. Com a primeira lista criada, é hora de priorizar os principais temas. Quando estamos partindo do zero e não temos nada em mãos, podemos fazer a seguinte dinâmica.

Solicitação do cliente > Criação do passo a passo > Resposta do suporte > Introdução da resposta na base de conhecimento

Depois que diversas respostas estiverem criadas, você terá a sua primeira versão da "base de conhecimento"; chega a hora de introduzi-la em uma ferramenta de suporte. Eu particularmente não recomendo inserir diretamente no FAQ, pois gosto que uma pessoa escreva e outra pessoa revise e valide. Além disso, é importante que todo time faça a leitura dos artigos produzidos pelo menos uma vez, para que todos estejam na mesma página em se tratando de informações.

Nota importante: é preciso estar muito atento à manutenção dessa base, uma vez que as informações mudam e os clientes precisam estar com as novidades atualizadas. Nada pior do que fazer uma busca no FAQ e dar de cara com prints de versões antigas. A sensação de abandono pode gerar uma péssima experiência ao cliente.

5.5.2. Entenda o que é prioridade

Como você define uma urgência e quem é notificado? Como e quando são informados? Todo cliente é importante, mas qual deve ser atendido primeiro? Em uma situação de muitos chamados abertos, qual deles tem prioridade maior? É claro que, em uma situação ideal, todos seriam atendidos igualmente e ao mesmo tempo, mas como organizar uma fila que possa dar atenção, velocidade e qualidade aos clientes?

O primeiro passo é classificar o que é mais urgente/importante e o que pode esperar por algumas horas a mais ou mesmo dias.

Tickets de baixa prioridade: eles geralmente não precisam de uma resposta imediata. Perguntas gerais sobre produtos ou serviços, solicitações de novas parcerias comerciais ou perguntas em relação à empresa, mas fora do escopo, vêm para este nível.

Tickets de média prioridade: aqui aparecem questões que apresentam um senso de urgência, mas nada que exija resposta imediata. São solicitações com questões sobre o uso do produto e solução de problemas que não afetam a capacidade do cliente de usar naquele momento.

Tickets de alta prioridade: são geralmente os casos em que o cliente não consegue fazer uso do produto, de alguma funcionalidade ou em parte dele. A resposta precisa ser assertiva e é praticamente imediata. Cancelamentos são comuns em casos com esta prioridade quando a resposta acaba demorando ou uma resolução não acontece.

Tickets de prioridade urgente: são os primeiros da fila. Geralmente, o cliente não consegue fazer qualquer uso da plataforma. Em alguns casos podem ser por incidentes, ou seja, problemas generalizados, e todo o time de produto precisa estar presente para solucioná-lo. Aqui a resolução precisa ser a mais rápida possível.

Para ilustrar, temos o desenho de um quadro que pode ajudar no seu desenho de prioridades.

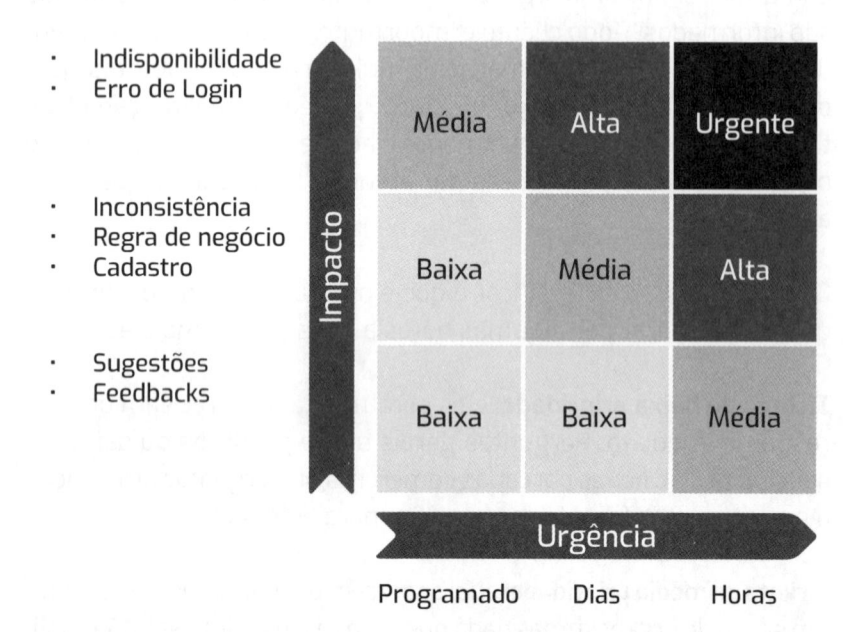

- Indisponibilidade
- Erro de Login

- Inconsistência
- Regra de negócio
- Cadastro

- Sugestões
- Feedbacks

Impacto ↑			
	Média	Alta	Urgente
	Baixa	Média	Alta
	Baixa	Baixa	Média
	Programado	Dias	Horas

Urgência →

5.5.3. Automação, aplicativos e integrações

Há algumas formas de agilizar o trabalho do suporte, deixando-o mais fácil e prático tanto para quem solicita quanto para quem irá tratar o chamado. Automações, aplicativos e integrações processam informações levando, de um ponto ao outro, dados formatados e solicitações prontas para serem atendidas. Há alguns exemplos que podem ser realizados com uma ferramenta simples de atendimento.

Formulários: perguntas estruturadas que direcionam as solicitações de acordo com a equipe de perfil de atendimento. Isso agiliza o processo, por não centralizar a demanda e ir direto ao responsável como N1, N2 ou financeiro, por exemplo.

Comandos automáticos: configurações na ferramenta de atendimento que agilizam a operação. Fechar os tickets após um certo período de tempo, mensagens automáticas do primeiro contato ou informações ao cliente sobre horário de atendimento são apenas alguns exemplos. Além de padronizar o chamado, as automações podem ajudar a levantar dados importantes para análise mais ampla da operação como um todo.

Integrações: na operação de suporte, dificilmente usamos apenas uma ferramenta, e conectar aplicativos (chat, calls e agendas, por exemplo) facilita a troca de informações entre o time, aumenta a velocidade na resposta de um ticket e ajuda a criar processos personalizados.

5.5.4. Feedbacks do time

Para melhorar o atendimento, não colete apenas o feedback dos clientes; vá além: busque informações junto ao time de suporte. Essas informações ajudarão todos a entender onde os problemas estão acontecendo e como eles podem ser resolvidos.

Há diversas formas para se coletar essas informações, uma delas é configurar gatilhos em seu software de suporte para enviar automaticamente uma pesquisa quando seus tickets fecharem. Outra forma é entender com cada um, em entrevistas pessoais, como eles se sentem ao usar a ferramenta de suporte e como isso afeta seu desempenho. Tenho certeza de que as respostas serão muito úteis para futuras estratégias e aprimoramento dos processos.

5.6. CANAIS BÁSICOS DE COMUNICAÇÃO DO SUPORTE

Vamos concordar que dificilmente um cliente está muito feliz quando procura o suporte. Geralmente ele está com alguma dificuldade e precisa de ajuda para fazer algo que não conseguiu fazer sozinho, ou porque o produto ou serviço não é tão intuitivo, ou porque encontrou algum problema, como um bug.

Seja qual for o motivo, ele precisa de uma resposta que não demore tempo suficiente para que ele desista de você e parta para um concorrente. Sendo assim, seus canais precisam estar disponíveis e prontos para realizar um excelente atendimento. Listei aqui alguns canais que podem ajudar e muito essa experiência.

5.6.1. FAQ

De forma bem simples, o FAQ (Frequently Asked Questions) ou Perguntas Mais Frequentes é uma página no seu site que aborda os principais problemas e desafios que os clientes encontram com o seu produto ou serviço.

O FAQ é um canal de autoatendimento que oferece aos clientes uma maneira de responder às perguntas, disponível 24/7, sem ter que esperar por uma resposta de algum colaborador do suporte. A cada pergunta, há uma resposta contendo informações como tutoriais, vídeos explicativos ou gifs com passo a passo.

O mais importante desse canal, que basicamente é um desdobramento da sua base de conhecimento, é aliar a pertinência das perguntas com a didática das respostas. Por isso, quanto mais fácil for para o cliente encontrar uma solução sozinho no FAQ, menos demandas terá o time de suporte.

Busque as principais perguntas que os clientes fazem, focado na persona. Entenda como ele pode, precisa ou deveria fazer algo. Estude as palavras-chave mais usadas, estude as terminologias que seus clientes costumam usar e deixe a comunicação mais humanizada possível. Veremos isso um pouco mais adiante.

Um ponto extremamente importante é que este é um canal que está sempre mudando. Então não pense que o FAQ termina quando você o publica na sua página. Ao menos uma vez por mês, mantenha o hábito de visitar as perguntas para avaliar a pertinência e relevância. Pergunte-se: alguma coisa mudou? Os mesmos problemas ainda existem? Isso ainda é necessário na minha página de FAQ? Você e seu time tiveram um enorme trabalho para botar a página no ar. Não deixe de mantê-la em dia. Ter informações desatualizadas que podem enganar os visitantes é ainda pior do que não tê-las. Fique atento.

5.6.2. E-mail

Este é um dos primeiros canais que recomendo na criação para o suporte ao cliente. Se há uma definição que determina o e-mail como um excelente canal de atendimento, esta é: a comunicação assíncrona.

O e-mail é excelente porque permite que o atendimento ao cliente não aconteça em tempo real e nem por isso perca a qualidade. Embora muitos atendimentos possam ser mais adequados em outros canais, quando tratamos de assuntos mais técnicos ou que precisam de mais detalhes, como prints, ele acaba sendo a melhor opção.

Ele é voltado para quem não quer esperar na fila por uma resposta, mas isso não quer dizer que o cliente não espere uma resposta rápida. O canal dá a oportunidade de ser mais completo em suas respostas, com passo a passo, anexando tutoriais ou inserindo vídeos. O mais importante aqui é solicitar os dados de forma assertiva e trazer a solução mais completa possível.

5.6.3. Chat

O "bate-papo ao vivo" oferece o melhor dos mundos em suporte, pois consome menos tempo dos clientes. Eles não precisam ficar pendurados em uma linha telefônica e ter que ouvir música de espera (que às vezes parecem intermináveis), e ainda podem ter uma resposta muito mais rápida do que se tivessem enviando uma solicitação de suporte por e-mail.

Um dos maiores erros, principalmente em empresas que estão começando, é deixar o atendimento com números de telefone pessoais. Em um primeiro momento, a solução é prática, porém torna-se desastrosa. Esse número não tem acompanhamento da gestão, não possui histórico registrado e não há como resgatar qualquer informação se o dono do chip for embora com ele.

O chat é uma excelente maneira de fornecer suporte instantâneo aos clientes, reduzir as conversas, economizar tempo e satisfazer o cliente no final. Alinhando horários de atendimento do time, padronizando as orientações e determinando tempo de fila, tenho certeza de que será uma excelente experiência para quem procurar este canal.

5.6.4. Chatbot

Os chatbots são um dos maiores aliados do time de suporte. Com uma boa base de conhecimento em mãos, esta ferramenta torna-se indispensável principalmente tratando de grandes volumes de atendimento. Você pode aproveitar os chatbots para responder às perguntas repetidas dos clientes, recomendar artigos da central de ajuda, indicar vídeos tutoriais, enviar boletos atualizados e gerar autoatendimento em um nível individual, economizando o tempo do cliente e do time.

Tudo isso sem contar que o atendimento não para. Os bots também estão 24 horas por dia, 7 dias por semana, com o atendimento online.

Isso permite reduzir os tempos de espera e responder a mais tickets. E posso garantir que realmente funciona.

Atuei como head de CS em uma empresa que continha mais 40.000 clientes com as mais diversas demandas e com o time sem conseguir escalar o atendimento. Com o chatbot, focamos o fortalecimento da base de conhecimento em paralelo com a estruturação da árvore de resposta do bot. Resultado: em três semanas, saímos de 0,4% de autoatendimento para 40% com NPS de 8,5. Se bem feita, essa ferramenta pode revolucionar a área de suporte da empresa.

5.6.5. Mídias sociais

As mídias sociais de forma alguma devem ser o canal principal de atendimento ao cliente, contudo precisam de uma atenção especial, uma vez que os consumidores estão lá e muitas vezes não se encontram satisfeitos.

Dependendo do tamanho da empresa e da base de clientes, pode ser uma boa prática existir uma ou mais contas direcionadas apenas para consultas de suporte. Isso evita que possíveis desgastes de atendimento ocorram, visto que o primeiro contato neste canal ocorre com a equipe de marketing, que, por ter outro foco estratégico, não tem as habilidades ou informações do suporte técnico para responder a perguntas.

Responder adequadamente por este canal, além de causar uma boa impressão, colabora com o fortalecimento da marca e abre a possibilidade de ajudar outras pessoas que enfrentam os mesmos problemas, criando até mesmo um ambiente colaborativo.

5.7. SEU CLIENTE É UMA PESSOA, E NÃO UM TICKET

Um ticket é um número, uma atribuição a um caso de um cliente que precisa ser resolvido pelo time de suporte — e é aí que eu vejo uma grande armadilha nas operações. Quando focamos resoluções direcionadas simplesmente a métricas, os tickets se tornam a prioridade, os números ganham proporções acima da média e deixamos de focar o que mais importa: o cliente.

Pensar nos clientes como números em vez de pessoas e focar a solução sem prestar atenção de verdade na história faz com que a busca pela assertividade e velocidade na resposta deixe de lado algo extremamente importante no atendimento ao cliente, a empatia.

O suporte ao cliente deve ser pessoal, não importa se você já tem uma resposta automática que será repassada toda vez que a mesma dúvida surgir. A pessoa no papel de cliente precisa sentir que está envolvida em um atendimento único, afinal o problema é dela, e é apenas ela que precisa da sua ajuda naquele momento.

Seja de forma clara e objetiva a diferença no dia de alguém. Pensando nisso, listei alguns pontos que podem ser importantes no atendimento no dia a dia.

5.7.1. Linguagem escrita

Se você *tenha* dificuldade com a língua *portugueza*, é preciso ler muito. Caso tenha tido calafrios com a frase anterior, é sinal de que sua gramática está em dia. No entanto, se este não for o seu caso, é preciso ler muito e se concentrar de verdade nos livros. Ninguém ganha credibilidade com erros de escrita, pelo contrário, seu atendimento pode ir por água abaixo se não escrever de forma correta.

Comece com uma literatura de que goste. Eu particularmente gosto muito dos contos do Fernando Veríssimo e dos livros do Bernard Cornwell. Faça da leitura um hábito; se não gosta de ler, provavelmente ainda não encontrou algo que realmente lhe agradasse. Vai por mim, quando você encontrar o seu gênero favorito, não vai parar com a leitura. Em seguida, busque coisas técnicas, mas comece lendo os tópicos que sejam mais importantes. Este livro segue essa técnica. Com o tempo e muita leitura, sua escrita vai melhorar e, com certeza, suas respostas no atendimento também.

5.7.2. Tom de voz

Quando lemos algo, sempre colocamos um ritmo, uma voz, uma sonoridade. O tom de voz no atendimento ao cliente refere-se a como você soa, literalmente, para alguém. Ter o tom de voz certo dá uma personalidade que o diferencia dos concorrentes que também podem estar prestando atendimento aos seus clientes.

A marca pede um atendimento sério, técnico ou uma linguagem mais solta? Quais são os termos, palavras ou expressões mais comuns? O regionalismo é bem-vindo ou as pessoas de outros estados não entenderão? "Eu posso ajudar?" ou "Nós podemos ajudar?". Pretendo ser impessoal ou não? Para ter essas e outras respostas, o melhor é entender como atua o seu público, quem é o seu cliente, e só assim chegar a um tom próximo e adequado ao melhor atendimento.

5.7.3. Processos e passagens

Em muitos casos, você vai lidar com problemas que não são seus, e será preciso fazer uma passagem adiante. É normal o cliente não entender com quem está seu problema ou quem está tratando da situação, por isso que fazer uma boa passagem é importante.

E vamos deixar claro que o problema, mesmo que passado adiante, ainda é seu. É responsabilidade do suporte verificar o atendimento e acompanhá-lo, mesmo que por status do ticket. Lembre-se: o jogo é coletivo, logo, quando um erra, o time todo pode acabar pagando por isso. Foco no cliente sempre.

5.8. MÉTRICAS DE SUPORTE

5.8.1. Métrica de tickets

Novos tickets: é o volume de solicitações de suporte recebidas. O aumento desta métrica pode se dar pelo crescimento da base de clientes, novas funcionalidades que geram mais dúvidas, incidentes por parte do produto ou até mesmo uma gestão de crise por parte da empresa. Com o entendimento desta métrica, é possível observar se o time consegue dar conta ou se será necessário realizar uma otimização no atendimento ou partir para novas contratações.

Tickets por canal: o nome já se define. Quando estamos atendendo em diversos canais, como telefone, chat, e-mail ou mídias sociais, precisamos entender quais estão saudáveis e quais necessitam de atenção especial. Um cliente insatisfeito pode reclamar em mais uma via, por isso é importante cruzar as informações para otimizar as respostas e monitorar as atividades dos clientes.

Tickets resolvidos: o terceiro KPI (Key Performance Indicator, ou indicador-chave de performance) de atendimento ao cliente ajuda a responder à seguinte pergunta: "Sua empresa consegue acompanhar a demanda?" Em uma central de suporte íntegra, seja para clientes externos ou outras solicitações, o número de tickets novos e o de resolvidos devem ser paralelos.

5.8.2. Métricas de tempo

Tempo de primeira resposta: o tempo entre o envio de um ticket de suporte pelo cliente e o momento em que um representante do suporte ao cliente fornece uma resposta inicial. Ninguém gosta de ficar esperando; logo, quanto maior for esse tempo, maior o risco de insatisfação do cliente, mas podemos estabelecer um prazo máximo na fila de espera. Mensurar esse tempo nos ajuda a entender se estamos cumprindo ou não com o prometido.

Tempo médio de resolução: é o tempo médio que sua equipe leva para resolver um ticket de suporte, desde a primeira abertura até a resolução e o fechamento. Nesta métrica, temos duas formas diferentes de observar. Uma é a visão da equipe, para observar se o problema é geral ou em algum ponto da operação, com processos, passagens e outros. A outra é a visão por agente, para entrar mais a fundo na operação individual e observar possíveis pontos de melhoria. Um aumento constante da métrica ao longo do tempo pode apontar que o time precisa de mais pessoas ou de treinamentos para lidar com novos desafios e questões mais complexas que os clientes estão trazendo.

Tempo da primeira resolução: o período decorrido entre a abertura e a primeira tratativa de um ticket.

Tempo de resolução total: refere-se ao período entre a criação da solicitação até a última resolução da solicitação de suporte, ou seja, sua finalização propriamente dita.

5.8.3. Índices de satisfação

Net Promoter Score (NPS): é a métrica que trata o grau de satisfação dos clientes. Para realizar, faça a seguinte pergunta: em uma escala de 1 a 10, qual a probabilidade de você indicar a empresa para amigos e familiares?

Tendo as respostas em mãos siga o passo a passo a seguir:

1. Colete os resultados da pesquisa NPS .
2. Exclua os neutros do cálculo (pontuações de 7 e 8).
3. Subtraia o nº de promotores (notas de 9 e 10) pelo nº de detratores (notas de 0 a 6).
4. Divida esse valor pelo número total de respostas.
5. Multiplique o número final por 100.

$$NPS = \frac{N^{\underline{o}}\ promotores - N^{\underline{o}}\ detratores}{Número\ total\ de\ respostas} \times 100$$

Exemplo prático:

A empresa XPTO teve, em seu último NPS:

→ 30 clientes que avaliaram com notas entre 0 e 6.
→ 20 clientes que avaliaram com notas entre 7 e 8.
→ 60 clientes que avaliaram com notas entre 9 e 10.

Logo:

→ 30 detratores (0 a 6).
→ 20 neutros (7 e 8).
→ 130 promotores (9 e 10).

Calculamos que:

NPS = 130 - 30 / 180 × 100
NPS = 100/180 × 100
NPS = 0,55 × 100
NPS = 55

Com os números finais em mãos, considere para bench os parâmetros a seguir:

Excelente: entre 75 e 100
Muito bom: entre 50 e 74
Razoável: entre 0 e 49
Ruim: entre -100 e -1

Assim, a empresa XPTO está com o NPS muito bom.

CSAT – Customer Satisfaction Score: métrica usada para entender o desempenho geral do atendimento ao cliente com base na experiência toda vez que ele interage com a empresa, serviço ou produto respondendo com uma nota de 1 a 5.

As perguntas são específicas e envolvem temas como satisfação com o atendimento, agilidade do suporte, resolutividade, entre outras. As pesquisas geralmente são enviadas por e-mail ou aparecem em aplicativos ou chats, imediatamente após um cliente interagir com o atendimento ao cliente ou em determinados pontos de contato da jornada.

$$CSAT = \frac{\text{Número total de clientes satisfeitos}}{\text{Número total de respostas}} \times 100$$

Exemplo prático:

A empresa XPTO levantou a seguinte pergunta para o CSAT: "Como você avalia o atendimento recebido?" A empresa estipulou as notas de 1 a 5, entendendo 4 e 5 como boas avaliações, ou seja, satisfeitos e muito satisfeitos. No total de 250 clientes que avaliaram, 220 ficaram satisfeitos, logo:

Clientes satisfeitos: 220
Total de clientes: 250

CSAT = 220/250 × 100
CSAT = 0,88 × 100
CSAT = 88%

Assim, chegamos ao nível de Customer Satisfaction Score. Neste exemplo, o CSAT é 88%.

CES – Customer Effort Score: é a métrica que trata da facilidade de uso de um produto ou serviço para os clientes. Uma pontuação CES reflete a quantidade de esforço que um cliente teve que fazer para usar um produto ou serviço, encontrar as informações de que precisava ou resolver um problema.

Os clientes podem responder a uma pergunta como "(Nome da empresa) facilitou para mim lidar com (nome do problema)" com uma classificação de escala de 1 a 5, sendo 1: discordo totalmente e 5: concordo plenamente. Quanto menos esforço, melhor será o CES — e assim, maior será a satisfação do cliente.

$$CES = \frac{N^\underline{o} \text{ parcial de respostas} \times \text{pontuação}}{\text{Número total de respostas}}$$

Exemplo prático:

A empresa XPTO teve em seu último CES 110 clientes que avaliaram com:

- 10 notas 0.
- 6 notas 1.
- 4 notas 2.
- 15 notas 3.
- 15 notas 4.
- 70 notas 5.

Logo:

10 notas 0 / 6 nota 1 / 4 nota 2 / 15 nota 3 / 15 nota 4 / 70 nota 5

Sendo assim:

CES = (10x0) + (6x1) + (4x2) + (15x3) + (15x3) + (70x5) / 110
CES = 0 + 6 + 8 + 45+ 45 + 350 / 110
CES = 454 / 110
CES = 4,12

Com a nota de 1 a 5, podemos afirmar que 4,12 é um bom índice para a empresa.

5.9. CHECKLIST DO CAPÍTULO

- ☑ O que é suporte?
- ☑ Suporte não é customer success
- ☑ Começando uma operação de suporte do zero
- ☑ Boas práticas do time de suporte
- ☑ Canais de comunicação do suporte
- ☑ Seu cliente é uma pessoa, e não um ticket
- ☑ Métricas de suporte

CAPÍTULO 6
ONBOARDING OU IMPLEMENTAÇÃO: O INÍCIO DA JORNADA

6.1. SOBRE APRENDIZADOS E VIRADAS DE CHAVE

Eu sei que o que vou dizer agora vai parecer um tanto estranho para você que está lendo este livro, mas preciso confessar que eu era péssimo em português. Sim, eram as minhas notas mais baixas no colégio, principalmente entre a 7ª série e o 3º ano do ensino médio.

Lembro como se fosse ontem. O pequeno Hiram por volta dos seus 12 anos de idade com um papel cartolina 15x10cm que continha uma tabela separando o sujeito do predicado e com inúmeros exemplos que hoje são borrões na minha mente. No dia da prova eu podia usar, mas quem disse que eu sabia fazer aquilo direito? Cresci, fui para a faculdade e o problema continuou, até conhecer uma professora na agência do curso de Publicidade e Propaganda que me jogou na cara: "Hiram, você lê muito. Mas, olha, você não sabe ler, só passa as linhas, não presta atenção na forma, no que está escrito, entende?" Eu entrei em choque e então a chave girou.

A partir daquele dia, comecei a entender como as coisas se interligavam. A leitura se tornou mais calma e dei mais atenção à forma, às pausas, aos processos de linguagem — e veja bem, a coisa realmente mudou. Mas o que isso tem a ver com onboarding? Eu posso te garantir que muita coisa.

O processo de onboarding é professoral, ou seja, você está dando boas vindas a um novo mundo para o seu cliente. Como um bom mestre, é preciso ensinar tudo que for possível ao seu aluno, para que ele renda ao máximo nos primeiros contatos entre ele e sua empresa.

Você poderá ter alguns encontros, pontos de contato, e-mails explicativos, FAQs, vídeos tutoriais e muitos outros recursos. Não importa qual formato você tenha em mãos, o ponto focal será o mesmo: resultado de aprendizado posto na prática. O desafio será levar o seu cliente a uma autossuficiência para que ele possa seguir adiante, e, ao contrário do tempo que eu levei para me desenvolver, você terá apenas alguns dias ou poucas semanas.

O desafio não é simples, não é fácil, mas há um caminho a seguir que já trilhei e quero levar você a acelerar seus clientes no processo, com metodologia aplicável, e "girar a chave" antes do que você imagina.

6.2. SOBRE CRIAR UM ONBOARDING DO ZERO

Eu gosto muito de pensar em dois pontos fundamentais quando tenho o desafio de criar um onboarding do zero. O primeiro é o que, de fato, ao final desse processo eu preciso entregar algo prático e que gere valor real; o segundo ponto é como eu consigo fazer isso com o maior nível de eficiência e excelência.

O onboarding pode ser chamado também de implementação. Implementar, na definição do dicionário, significa pôr em prática, executar ou assegurar a realização de alguma coisa, e é exatamente isso que precisamos buscar. Eu sempre digo aos meus liderados ou mentorados que estão no processo de onboarding que o desafio é levar o cliente do ponto A ao ponto B, e que ele termine a reunião com um aprendizado tão bom que o fará sair desse encontro pronto para a prática.

Aqui, é quando o cliente inicia a sua jornada no relacionamento com o pós-venda. O cliente chega com as expectativas altas, principalmente quando o vendedor realizou uma ótima venda. A hora da passagem do cliente é o término de um ciclo para o início de outro, e cabe ao departamento de customer success iniciar esta nova fase com a melhor experiência possível.

Um avião não decola sem checar os instrumentos, ter um ok da torre e, certamente, não sairá do chão se não houver um piloto com horas de um treinamento exaustivo. Um onboarding de qualidade segue praticamente as mesmas premissas de uma decolagem. Você não pode conduzir o seu cliente sem um mapeamento adequado, não terá qualidade nas entregas sem um guia de referência para as reuniões e, certamente sem treinamento e simulações de reunião, é bem provável que a qualidade da entrega fique muito a desejar. Do primeiro contato até a passagem para a adoção, tudo tem metodologia. Sem isso, você pode estar à beira de um desastre iminente em cada atendimento que fizer.

6.3. A ENTREGA DO PRIMEIRO VALOR

Se o nosso foco é chegar do ponto A para o ponto B, ficam dois questionamentos: onde está o meu ponto A e qual será o meu ponto B? O ponto de partida se inicia quando a venda é feita. Posso garantir que antes mesmo do seu primeiro contato as expectativas já foram criadas, e seu papel é alcançá-las ou mesmo superá-las, até a linha final, que é a entrega do primeiro valor. Mas afinal o que é o primeiro valor?

A entrega do primeiro valor refere-se ao processo de entregar os primeiros resultados aos clientes logo após o fim do onboarding. Ao final desse processo, o cliente precisa andar sozinho, estar com a mínima independência para dar os primeiros passos com a sua solução.

Quando você entrega o primeiro valor, há uma experiência positiva do cliente que colabora na construção da fidelidade junto ao seu atendimento e aumenta a satisfação do cliente. Isso também pode se traduzir em crescimento de receita, abrindo oportunidades para vendas adicionais em contas existentes e aumentando novos negócios por meio dos defensores da marca, temas que veremos com mais profundidade no capítulo de adoção ou ongoing.

Um onboarding para gerar o primeiro valor de fato precisa ser bem realizado, e isso requer consistência de contatos, conformidade nas informações e acompanhamento de perto. E é justamente isso que veremos logo a seguir.

6.4. PLANEJANDO ESTRATEGICAMENTE SEU ONBOARDING

Eu sei exatamente o que a minha solução entrega de valor, mas será que vai ao encontro de todos os clientes que eu atendo? Entender o contexto e saber o que é sucesso para cada um é o que vai definir de verdade todo o escopo do seu onboarding, desde o conhecimento teórico que deverá ser passado a ele até as funcionalidades da solução.

Há pessoas que são mais ansiosas, há outras que querem mais atenção em um determinado ponto, existem outras para quem as coisas precisam ser debatidas ou repetidas mais de duas ou três vezes. Lembre-se: temos metas, mas antes disso estamos solucionando os problemas de seres humanos. No fim do dia, o caminho do ponto A ao ponto B pode ser bem diferente para clientes diferentes.

Há uma dica bem prática para usar no seu dia a dia enquanto profissional de CS de implementação. Agrupe essas expectativas e critérios de sucesso e divida-os se achar necessário, para que cada onboarding vá ao encontro das expectativas do cliente, ou seja, o que ele espera para atingir o primeiro valor, que servirá de munição para continuar engajado e empolgado com o seu produto e passar o bastão para a adoção ou ongoing.

6.4.1. Número de novas contas X atendimento

As demandas do onboarding surgirão proporcionalmente à entrada de novas vendas na empresa. Descobrir as metas para o ano de vendas nos dá um indicador muito importante do volume de novos clientes que vem por aí. Promoções e ações mais fortes de vendas também nos dão um norte de um pico maior de demandas. Com um processo de implementação maior que 30 dias, vale ressaltar que pode haver um acúmulo de clientes novos para serem atendidos. Neste caso, é interessante fazer um cálculo de atendentes X novos clientes, o que ajuda no processo de atendimento X demanda e colabora para maior eficiência e velocidade no atendimento.

6.4.2. Defina o número de reuniões

Quantas reuniões são necessárias para se realizar um onboarding de sucesso? A resposta é: depende. Qual a complexidade da sua solução? Quantas funcionalidades ou passos do atendimento o cliente precisa conhecer para seguir com o mínimo de autonomia após a ativação? Novamente, cada um desses pontos é fundamental na escolha do número de encontros.

Na prática, se faça a seguinte pergunta: se a sua solução fosse uma matéria de um curso, quantas aulas você precisaria ministrar para que o cliente conseguisse captar todas as informações e aplicá-las ao seu dia a dia com o mínimo de dúvidas possível? Com as respostas em mão, faça um roteiro e aplique.

Não tenha medo de errar, afinal cometer equívocos também faz parte do aprendizado. Depois de rodar o seu primeiro onboarding com alguns clientes buscando os feedbacks, eles é que vão dar as respostas certas sobre o que manter e o que mudar. Às vezes haverá encontros com conteúdo demais e outros que podem ter as "aulas" unidas em um único encontro. Tudo vai depender de como o cliente se comporta e qual a efetividade das entregas.

6.4.3. O tempo ideal de um onboarding

Vou tratar aqui de duas coisas importantes: uma é a questão do tempo de duração das reuniões; outra, a do tempo de execução do formato do onboarding. Em ambos os casos, há algo muito sério a ser levado em consideração, um ponto que pode colocar abaixo todas as observações sobre desempenho e qualidade de entrega. Por favor, jamais confunda a sua ansiedade com a necessidade do cliente. Querer entregar rápido pode gerar a pior experiência com a melhor das intenções.

Em termos de tempo de duração das reuniões, gosto de trabalhar entre 30 a 60 minutos dependendo da complexidade da demanda. Em alguns casos, podem-se usar 30 minutos para a execução e depois mais 15 ou 30 minutos para interações e tirar as dúvidas. Há clientes que preferem esperar para perguntar e outros que preferem interromper para não perder o raciocínio da aprendizagem. De qualquer forma, as reuniões depois de um tempo ganham um formato em comum, e com isso pode-se formatar melhor o tempo de cada encontro.

O onboarding é o início do contato com o cliente no pós-venda, e todo relacionamento, para se tornar mais engajado, precisa de um certo tempo. Durante meus anos na área, observei processos de 15 a 60 dias com um ou dois encontros semanais. Há clientes que preferem correr com o prazo, pois têm pressa devido a alguma necessidade; outros gostam de ter tempo para internalizar e executar o que foi ensinado. Alguns onboardings podem demorar mais devido ao desengajamento do cliente por agendas apertadas ou mesmo desinteresse. No início, vale trabalhar com hipóteses e rodar testes até encontrar o modelo ideal para o seu projeto.

6.4.4. Mensurando os resultados

Há diversas formas de mensuração de resultados, que veremos ao fim do capítulo. O ponto que trago neste momento é que serão os números que trarão os resultados para novas tomadas de decisões. Desconsiderar as métricas e KPIs é levar as informações ao achismo e ao senso comum, descartando todos os feedbacks e horas de trabalho executadas. Quer fazer com que um trabalho de meses se perca? Desconsidere os seus resultados.

6.4.5. Validando o onboarding para o futuro

Planejamos o onboarding e entendemos estrategicamente como iremos executá-lo. Preparamos os temas, definimos o tempo de reunião, quantos encontros faremos e definimos os KPIs para observar se estamos no caminho correto. Tudo deu certo e está rodando muito bem, parabéns a todos os envolvidos! Paramos por aqui, certo? É claro que não. O mercado está sempre em mudança, a empresa estará sempre se modificando e em busca de crescimento, então por que com a nossa área de CS seria diferente? Sendo assim, lanço algumas perguntas pertinentes, que precisam ser respondidas ao longo do tempo para uma operação sempre saudável.

- E se tivermos dez vezes o número de clientes que temos hoje? Vamos rodar com o mesmo desempenho ou vamos travar a operação?
- Nosso onboarding atual pode ser mais enxuto para contas menores ou mais simples? Ou acaba ficando caro demais?
- Sabemos onde no processo encontramos pontos de "encantamento" que fazem a diferença para nossos clientes?
- O processo como um todo é fácil de entender para alguém que não é próximo ao nosso negócio? Ou precisamos ter uma história longa e profunda para ensinar o básico rapidamente?

Validar processos é importante, rever e otimizar são tão essenciais quanto. Por isso, não deixe de fazer essas perguntas de forma periódica, afinal, estar na frente também significa estar em constante inovação.

6.5. O FAZER AGORA QUE O CLIENTE CHEGOU

Agora que você planejou e entendeu as demandas dos clientes, é preciso um plano de ação. Chega a hora de atender e trazer a melhor experiência de atendimento possível.

6.5.1. Expectativas foram criadas

Já falamos anteriormente que um cliente não vem sem história. Mesmo antes de começar a usar um produto ou serviço, a jornada dele já passou pelos impactos do marketing, negociou com o time de vendas e alinhou expectativas para uma entrega que no mínimo vem ao encontro para solucionar uma dor que ele vem passando.

Sendo assim, é muito importante entender de fato quais são as expectativas desse cliente, quais seus anseios, desejos e o que ele espera da relação com a empresa para o futuro. Dessa forma, você tem uma boa noção do que o cliente pretende com a sua solução e, assim, evitar desgaste e atritos logo no início do onboarding. Expectativas mal compreendidas sobre entregas, resultados e outros assuntos podem gerar péssimas experiências e até cancelamentos precoces.

6.5.2. A primeira impressão é a que fica

Você tem uma única chance de causar uma boa primeira impressão. Tenha em seu discurso logo de cara a proposta de valor que a sua solução apresenta. Um processo de onboarding bem-sucedido reduz o tempo de adoção de clientes.

Dicas simples, mas eficazes para a primeira (e todas as outras reuniões): esteja calmo e empático. Se o cliente estiver irritado ou frustrado, mantenha a calma e mostre empatia, sem levar para o lado pessoal. Seja também cordial e simpático: mesmo que em uma call online com a câmera desligada, fale com o cliente com um sorriso e um tom de voz amigável. Vá por mim: dá para notar a diferença. Por último, mas não menos importante, comunique-se de forma clara e direta, utilize termos simples e evite jargões técnicos. Aqui, menos é mais.

6.5.3. O que vem antes da reunião

Há alguns pontos essenciais para um bom relacionamento com o cliente que começam antes mesmo da reunião.

Um deles é o agendamento. Ao agendar, é muito importante preparar o terreno enviando uma mensagem com antecedência. Um cronograma com uma pauta pode ajudar você a identificar rapidamente o que precisa ser discutido em cada sessão e a melhor forma de atingir essas metas, e faz a reunião ter um valor e sentido prévio.

Na prática você pode mandar uma mensagem (e-mail ou celular) com os temas a serem discutidos. Se o cliente tiver um perfil mais analista, é possível enviar a pauta com cada tempo gasto no tema.

Agenda marcada, reunião agendada, chegou a hora da reunião.

6.5.4. Sua reunião não pode virar um cafezinho

Ninguém gosta de perder tempo. Se a reunião não agregar valor, pode ter certeza de que será muito difícil agendar o próximo passo com o cliente no onboarding, e a cadência de reuniões é um dos pontos fundamentais para o sucesso na implementação. Por isso fique atento aos pontos a seguir.

A primeira coisa a considerar é que a reunião deve começar e terminar no horário agendado. Não a deixe se arrastar ou ultrapassar o tempo previsto, pois isso pode frustrar ambas as partes. Se desconfia que a reunião possa ultrapassar o tempo, avise com antecedência suficiente para que haja espaço para o cliente se organizar.

Ouvir o cliente é quase uma premissa quando se busca o sucesso do cliente. No início da reunião, escute o que ele tem a dizer, não fique atento apenas a mensagem que ele passa, mas, sim, ao tom emocional que ele transmite. Como estamos falando de onboarding, em alguns casos temos muito a falar, e é importante deixar claro ao cliente que precisamos passar um conteúdo em tempo hábil sem que ele perca a experiência de ser ouvido.

Na reunião tenha um tom professoral, afinal você está ensinando alguém. Seja atencioso e tenha em mente que cada um tem uma forma e tempo de aprendizado. Observe se todas as dúvidas foram tiradas ou mesmo se isso que ele procura está na próxima reunião. Ao final deixe claras quais foram as entregas, o que ele avançou nesse encontro e quais são os próximos passos. Passar a sensação de que o cliente está avançando no processo faz com que o engajamento cresça e sua evolução também.

E mais, mostre profissionalismo e organização. Siga a agenda que você enviou. A reunião deve seguir o plano; caso saia da rota, procure voltar à pauta. O onboarding tem uma sequência de informações que precisam ser ditas em cada reunião. Evite distrações desnecessárias e evite perder tempo. Sua entrega é o objetivo de você estar ali.

6.5.5. O que vem depois da reunião

Após o contato com o cliente não deixe de fazer o follow up (FUP). Envie uma mensagem e agradeça pela reunião. Coloque-se à disposição em todos os canais em que os serviços de customer success estejam disponíveis. Se possível, oriente que dúvidas focadas a outros temas fora do onboarding sejam direcionadas ao suporte ou outro canal relacionado.

Outro ponto importante no FUP: você pode enviar links com tutoriais disponíveis e que foram realizados durante aquela reunião do onboarding. Ter um material de perguntas frequentes ou FAQ bem estruturado é um incrível facilitador no seu dia a dia. Um link com tutorial é muito mais fácil, prático e eficiente do que responder a mesma dúvida explicando um passo a passo mais de uma vez.

Para finalizar, traga todas as anotações que foram feitas para um documento ou aplicativo. As notas são um resumo do que aconteceu durante cada conversa com o cliente. Use algumas frases sobre cada tópico para que seja facilmente acessado depois e de fácil entendimento para quem precise ter acesso às informações no futuro.

Faça também um resumo das principais questões levantadas em suas conversas com o cliente e que precisam de acompanhamento de outra pessoa da sua equipe (time de produto, suporte ou mesmo cargos mais altos). Além disso, se você tem alguma ideia para adicionar, pode optar por incluir essas mudanças.

Ao final da comunicação, deixe claras as informações da próxima reunião, como pauta, temas ou outros pontos importantes, para engajar o comparecimento do cliente e seguir na evolução do onboarding.

6.6. ATIVAÇÃO E O SUCESSO DO CLIENTE

Se o cliente cumpriu todas as tarefas, atuou de forma efetiva no seu onboarding, parabéns! Você conseguiu levá-lo até a ativação. Este é o principal indicador da implementação e, consequentemente, um dos passos mais importantes do projeto. Basicamente, são ações e demais interações com o seu produto ou serviço, que demonstram que o cliente está preparado para continuar engajado e possa caminhar com autonomia, ou seja, seguir os próximos passos sozinho.

Um dos pontos principais das ações em customer success é justamente manter o cliente o maior tempo possível gerando receita para a empresa. O onboarding ativando o cliente cumpre o seu papel nessa tarefa e ainda colabora para o ongoing, ou fase de adoção, que é o próximo passo do cliente — tema do próximo capítulo.

Para entendermos se estamos no caminho certo em cada etapa da implementação, podemos contar com um cockpit (painel de controle). Assim como os pilotos de aeronaves possuem seus controles para saberem como estão em suas viagens, o CS possui os seus para entender como está conduzindo os clientes.

6.7. CRIANDO COCKPITS

Há diversos cockpits que podem ser usados no processo de implementação ou onboarding. O que vou trazer aqui é um modelo que entendo que pode ser eficiente e ser usado assim que você terminar a leitura deste capítulo. A seguir, trago os elementos que considero importantes a serem inseridos na planilha.

Cliente: é o nome do cliente; se houver um ID, código ou qualquer outro registro ele pode ser inserido uma coluna anterior.

MRR: é importante sempre estar informado de quanto o cliente paga mensalmente. Em certos casos de priorização de calls, isso pode ser um fator determinante para dar ou não atenção maior a este ou outro cliente.

Data de início do contrato: a própria descrição já diz. Esse dado é importante para mensurar o tempo de passagem de bastão entre o time de vendas e a primeira reunião do implementador.

Data inicial: é marcada quando a primeira reunião do onboarding é realizada. Esse dado serve tanto para medir a passagem de vendas quanto para calcular todo o período de implementação.

Fases do onboarding: cada reunião tem um propósito e é importante que cada uma possa ter um nome para identificar as fases do onboarding. Aqui podem ser inseridos status como "Reunião Agendada", "Reunião Realizada", "Contato Realizado" ou "Reunião Cancelada". Isso ajuda a ter um overview do desempenho das contas e de como estão as ações.

Data de cada reunião: todas as reuniões precisam ser datadas para entendermos se houve uma boa cadência ou se ocorreram lacunas no período determinado.

Data final: é a data da última reunião de onboarding. Aqui se faz a passagem para a fase de adoção.

Dias de execução: quantos dias é o ideal para um onboarding de sucesso? Esta coluna vai permitir avaliar o tempo e nos dar insights das entregas e da qualidade do atendimento como um todo.

Status da conta: todas as informações sobre o cliente, desde um e-mail enviado até os feedbacks das reuniões, entram aqui. Quanto mais informação melhor, será para uma avaliação posterior.

Em resumo, a planilha ficaria desta forma:

CLIENTE	MRR	INÍCIO DO CONTRATO	REUNIÃO 01	DATA	REUNIÃO 02	DATA	REUNIÃO 03	DATA FINAL	STATUS DA CONTA
Cliente A	R$ 1.500,00	25/abr	Realizada	30/abr	Agendada	X	Aberto	X	04/05 - Cliente não responde aos e-mails
Cliente B	R$ 2.600,00	25/abr	Realizada	01/mai	Realizada	08/mai	Realizada	17/mai	17/05 - Reunião concluída com sucesso
Cliente C	R$ 4.800,00	11/mai	Realizada	15/mai	Realizada	25/mai	Agendada	X	26/05 - Cliente bem engajado, tirou duvidas

É claro que temos aqui uma simulação de contas em implementação, mas esses dados nos indicam pontos importantes como clientes desengajados, contas já ativadas e clientes que precisam de uma atenção maior. Tudo isso baseado em dados e métricas, assunto que veremos com mais profundidade logo a seguir

6.8. MÉTRICAS DE PERFORMANCE

O principal objetivo de uma jornada de onboarding é criar autonomia, ou seja, capacitar os clientes a entender e usar a sua solução por conta própria. Quanto mais cedo os clientes passarem pela fase de integração, mais rápido eles poderão conquistar independência de uso e até mesmo adotar mais recursos.

Durante esse trajeto é preciso saber se o caminho de toda a estratégia está correta. Para isso sugiro algumas métricas importantes de onboarding para ajustar a sua rota. Contudo, informo que nem todas estarão à disposição para executar "na mão", algumas poderão ser calculadas com ajuda de um CRM e as mais complexas ainda podem ser realizadas com ajuda de uma plataforma especializada em customer success. Seja qual for a sua opção em mãos, vale aqui a leitura de todas elas.

6.8.1. Time to onboard (TMO)

O tempo de integração, ou tempo de onboarding, em tradução livre, mostra o número de dias que leva para os usuários começarem a usar seu produto de forma independente. O tempo necessário para a integração pode indicar a complexidade da ferramenta bem como a performance do profissional de implementação.

> TMO = Número de dias de implementação.

Número de encontros com prazos estabelecidos entre eles (touchpoints semanais por exemplo) e uma meta de dias com prazo máximo de entrega do projeto ajudam a mensurar essa métrica, que possui uma fórmula básica e simples de mensuração, mas que pode apontar importantes ajustes em toda uma operação.

6.8.2. Onboarding completion rate

É a taxa percentual de contas que realizaram o onboarding em um determinado período de tempo. Ela indica o número de contas que concluíram o processo de implementação.

$$OCR = \frac{N^{\circ} \text{ de usuários que finalizaram o onboarding}}{\text{Total de usuários do onboarding no período}} \times 100$$

Um número baixo de clientes que completaram todo o processo pode indicar que a implementação está complexa e a estratégia de engajamento não está funcionando. Você pode analisar etapa por etapa e verificar onde há maior abandono de reuniões para ajustar esse passo, ou mesmo buscar um contato direto com o cliente e coletar feedbacks que façam ajustes importantes e aumentar o percentual da sua métrica.

6.8.3. Onboarding revenue

A receita de integração é a receita que você gera por meio do processo de implementação. Essa métrica mostra se suas reuniões e contatos levam a upsells e ao crescimento de receita ainda no onboarding.

$$OnbR = \frac{(\text{MRR do início do período} + \text{Expansão}) - (\text{MRR Churn} - \text{MRR Downsell})}{\text{MRR do início do período}} \times 100$$

Essa métrica vai ajudar a entender se a sua operação está gerando receita devido à retenção ou não de clientes no período do onboarding.

6.8.4. Métricas adicionais

Você pode ter sentido falta de algumas métricas adicionais como o NPS, CSAT ou mesmo CES ou churn dentro deste capítulo. Mas quero que saiba que todos esses e outras métricas que ainda não mencionei estarão no próximo capítulo, quando falaremos de ongoing ou adoção, o próximo passo da jornada do cliente em customer success.

6.9. WOW! MOMENT — SUPERANDO AS EXPECTATIVAS

Surpreender, ir além das expectativas esperadas, deixar o cliente em estado de encantamento — esta são algumas de muitas traduções do que é um "momento WOW". Esses momentos podem ser raros, mas quando acontecem aumentam a satisfação e a fidelidade do cliente e podem ir muito além do que você esperava. É exatamente por isso que criar tantos momentos WOW quanto possível para os clientes deve se tornar uma de suas prioridades. E fiz questão de trazer este tópico para o fim deste capítulo, pois é a partir do onboarding que entendo que nossa busca pela melhor experiência ao nosso cliente em customer success deve começar. Depois disso, devemos sempre buscar ir além das expectativas, ir sempre em busca do momento WOW!

6.10. CHECKLIST DO CAPÍTULO

- ☑ Sobre aprendizados e viradas de chave
- ☑ Sobre criar um onboarding do zero
- ☑ A entrega do primeiro valor
- ☑ Planejando estrategicamente seu onboarding
- ☑ O fazer agora que o cliente chegou
- ☑ Ativação e o sucesso do cliente
- ☑ Criando cockpits
- ☑ Métricas de performance
- ☑ WOW! Moment — superando as expectativas

CAPÍTULO 7
ONGOING OU ADOÇÃO: A JORNADA CONTINUA

7.1. SOBRE AMIGOS DE INFÂNCIA

O que um publicitário, um médico, um ilustrador e um pedagogo têm em comum? Em um primeiro momento quase nada, mas para mim esses caras, em especial, têm muita coisa. A gente se conhece há quase 30 anos e se fala praticamente todas as semanas. Cada um mora em uma cidade e em diferentes regiões do Brasil. E apesar de tudo isso, você pode me perguntar como conseguimos nos manter conectados? A resposta é simples: cultivar o que você plantou.

Se no decorrer deste livro eu ainda não disse minha idade, já aponto que todos nós temos mais de 40 anos e nos reunimos todas as semanas virtualmente para jogar videogame e, em alguns eventos mais casuais, também jogamos RPG de maneira virtual. Esses encontros, que parecem de certa forma infantis pela temática ou totalmente nerds, nos fazem relaxar a cabeça, mas em certos momentos nos dão a abertura de falar sobre temas sérios como trabalho, família e problemas pessoais mais profundos, que muitas mesas de bar não nos dariam abertura. Ali cultivamos nossas relações de irmandade, cumplicidade e obviamente voltamos à 5ª série em cada partida disputada.

Mas o que isso tem a ver com customer success? Se você tem a sorte como eu tenho de manter diversas amizades de longa data, já deve ter entendido o sentimento que descrevi. E posso responder com todas as letras: tem tudo a ver. Relações, independentemente de serem de amizade, amorosas ou interpessoais, para serem duradouras precisam de conexão, de um propósito e engajamento. É preciso cultivar, gerar contato, ser pertinente e ao mesmo tempo ter uma pretensão, mesmo que ela seja despretensiosa.

O relacionamento com o cliente tem muito disso. É preciso engajar em um propósito, mostrar a que veio e como você pode somar no dia a dia dessa pessoa. Se fizer isso apenas uma vez, não será relacionamento, mas se fizer demais também pode estragar a relação.

Não sou nenhum especialista em relações humanas, deixo isso para os terapeutas e profissionais da área. Mas posso garantir que, para clientes e contas, a metodologia de adoção ou ongoing vai ajudar, e muito, e é o que veremos nos próximos tópicos deste capítulo.

7.2. CRIANDO O ONGOING DO ZERO

Um dos maiores desafios da área de customer success é justamente fazer com que o relacionamento com o cliente seja bom e com o maior tempo possível. Manter uma relação saudável e que faça com o que o cliente sinta que esse processo está mais somando do que subtraindo é papel fundamental da fase de ongoing ou adoção.

Se no onboarding conseguimos cumprir a missão de entregar algo didático e prático de modo que o cliente consegue ter autonomia para usar a nossa solução, a régua aqui precisar estar mais alta. Apresentamos um produto ou um serviço como forma de resolução de um ou mais problemas. Quando ativado, o cliente ganha autonomia, anda com as próprias pernas e nos dá uma falsa sensação na maioria das vezes de que ele não precisa mais da gente, mas isso é um grande engano.

Essa é a hora que entramos em ação para que a jornada do cliente ganhe um novo rumo. Vamos agora apresentar a ele novas possibilidades, e mostrar que a nossa solução vai ser uma parceira no seu negócio e que não somos apenas um produto de prateleira, mas, sim, uma parceria que vai evoluir o negócio de quem a contratou.

Se no onboarding usamos o exemplo do avião levantando voo, aqui seguimos com ele em uma rota rumo ao sucesso do cliente. Como toda viagem, teremos começo, meio e fim, e a metodologia irá nos guiar em cada trecho dessa rota. Teremos percalços? Provavelmente sim. Há possibilidade de instabilidade no trajeto? É impossível dizer que não. Vamos conseguir ter previsibilidade no percurso? Sim e vamos trabalhar para isso. O nosso destino final é a renovação de contas e vamos trabalhar rumo a uma receita previsível.

7.3. ANALISANDO A BASE DE CLIENTES

A base, também chamada carteira de clientes, é a principal forma que o CS utiliza para ajudar a organizar, desenvolver e se relacionar com os clientes. Geralmente esta base está estruturada dentro de algum tipo de tecnologia, seja uma simples planilha, CRM ou um banco de dados estruturado para customer success que armazena as informações relevantes como: nome do cliente, fontes de contatos, qual o negócio e segmento, o histórico das trocas realizadas durante o processo de ongoing, entre outros.

Gosto de analisar a base em alguns aspectos chave. Nem sempre você a terá em mãos, mas é muito importante que, ao menos, seja possível ter acesso às informações de metade dela. Ela nos dá fundamento para os primeiros passos da aplicação da metodologia no passo a passo desta fase da jornada do cliente. Você pode buscar essas informações com a sua equipe, o time de vendas ou mesmo o financeiro. São dados vitais que podem não estar estruturados mas com certeza estão perto de você.

7.3.1. MRR — Monthly recurring revenue

Na tradução livre, é a receita recorrente mensal, em outras palavras, é a receita total previsível gerada por sua empresa a partir de todas as assinaturas ativas em um determinado mês. No caso do estudo de base, vamos levar em consideração a mensalidade de cada conta.

Não é regra que uma conta possa ter um valor mais alto de MRR que a outra que ela é mais importante ou precise ter mais atenção. Isso vai ser definido muito mais pelo momento que a base se encontra ou se uma tem mais risco de cancelamento que a outra por exemplo.

7.3.2. Plano da conta

"Basic", "PRO", "Premium", "Platinum", "Super", "Master", o nome em si não é tão importante quanto as possibilidades de uso que o seu cliente possui, o que você pode explorar junto com ele e as opções que você pode oferecer quanto a serviços e possibilidades de expansão.

Um ponto de atenção importante é verificar o plano e o valor pago. Nem sempre a conta "Gold" ou "Super Premium" é mais importante que uma "Básica", já vi diversos casos em que vendas com grandes descontos ou mesmo algumas negociações pós-vendas para evitar cancelamentos deixavam contas antes muito importantes com valores menores que contas de entrada. Observe o histórico antes de julgar qual é a mais importante.

7.3.3. Lifetime Value

É a métrica que calcula a receita gerada por uma conta durante o tempo em que ela permanece como um cliente ativo da empresa, ou como costumo chamar, é o tempo de casa da conta.

Aqui é importante observar quais contas renovam, quais contas cancelam precocemente e por que em ambos os casos isso acontece. Em alguns casos contas com tickets médios menores mas com LTV maiores precisam de mais atenção do que as contas com MRR altos porém com tempo de permanência ainda iniciais na empresa.

7.3.4. Dados dos usuários

Parece um tanto quanto óbvio que se faz necessário ter os dados dos clientes, mas só quem não conseguiu ter essas informações em mãos sabe o trabalho que dá ir atrás de informações tão básicas quando não estão contidas em algum arquivo de dados de clientes, CRM ou mesmo ferramenta de CS.

Ter dados desatualizados é praticamente não ter dados em mãos. Por isso, sempre peça ao time de vendas para passar as contas com o máximo de dados possível para agilizar todo e qualquer tipo de atendimento. Fique atento também com a sua ponte de contato com o cliente. Pessoas saem de seus cargos, mudam de empresa e nem sempre comunicam ao profissional de CS. Um desafio diário que requer paciência e dedicação na busca de informações.

7.3.5. Customer health score

Este, na minha opinião, é o dado mais difícil de se achar quando não temos uma operação de customer success já encaminhada. É preciso pedir esses dados ao time de produto, que pode estruturar um relatório e passar uma atualização recorrente. Se você não tiver uma ferramenta para acompanhar automaticamente, sugiro compilar seus dados em uma planilha única e acompanhar o histórico semanalmente.

O customer health score é a consolidação de vários pontos e dimensões de dados, agregados em um único lugar que mostra a saúde de seus clientes e o engajamento com a ferramenta. Essa métrica verifica a saúde do cliente e ajuda a monitorar seu comportamento, antecipando uma nova oportunidade de vendas ou um possível pedido de cancelamento, além de ajudar e muito na tomada de decisões, somando-se a todos os dados já citados anteriormente.

7.4. FORMATOS DE ONGOING

Sempre quando me perguntam qual o melhor formato para atuação de uma área de customer success em uma empresa eu respondo: depende. Não é uma fórmula pronta como em qualquer outro assunto relacionado ao tema. Na sequência da resposta, lanço outras perguntas: qual a complexidade da solução para a operação? Qual o valor do CAC? Em quantos meses o valor de aquisição dilui para se ter lucro? O que tenho hoje na operação é o suficiente para o cliente ser bem atendido? Consigo otimizar ou preciso ter mais contato humano em meu processo? São essas e outras perguntas que irão definir qual ou quais modelos de atendimento atenderão à demanda.

Além de todo o cenário desenhado, ainda é possível segmentar a base de clientes em vários critérios, como receita, setor ou maturidade do cliente. Mais adiant,e com o tempo e aprendizados, essa segmentação vai permitir que a empresa adapte suas ações de sucesso do cliente às necessidades e requisitos exclusivos de cada segmento como parceiros, revendas ou nichos de mercado.

7.4.1. Tech touch

O próprio nome já diz, a tecnologia é o foco na atenção ao cliente. Voltado para empresas que precisam escalar processos com alto volume de clientes e não têm recursos para expandir a equipe, aqui todo o acompanhamento da jornada é feito com uso de ferramentas buscando sempre o atender de forma automatizada com zero contato humano.

A operação faz uso de dados na hiperpersonalização da experiência do cliente e automações. No dia a dia você pode observar esse modelo em atendimentos iniciados em ferramentas como o e-mail, chatbots ou SMS que são convertidos em tickets e tratados pelos times internos. A equipe de CS trabalha com foco em atendimentos em massa, tecnicamente chamamos de 1:many. Neste formato, as soluções oferecidas aos clientes são mais padronizadas e menos customizadas.

7.4.2. Low touch

Uma boa opção para empresas que geralmente atuam com clientes de baixo custo ou baixa receita e produtos simples sem recursos complexos. Neste formato há pouco contato humano, logo é importante que a operação, assim como no tech touch, possua processos automatizados.

O modelo é altamente escalável, mas frequentemente implementado sem personalização. Neste caso, materiais de apoio como bases de conhecimento, perguntas frequentes e tutoriais são fundamentais para um bom funcionamento da operação. Assim, os clientes sozinhos já conseguem usar a solução, sem precisar de muita ajuda e suporte.

7.4.3. Mid touch

Diferente dos modelos anteriores, o formato tem um contato humano mais presente com atendimento 1:1. Com volume menor de automações, a estratégia perde em parte a sua escalabilidade, mas ganha e muito com a proximidade junto ao cliente.

Aqui o gerenciamento de carteira se dá de forma individual. Cada profissional de CS é responsável por um grupo específico de contas realizando reuniões mensais/trimestrais, acompanhando o cliente e seus marcos de sucesso na jornada, observando sinais de desengajamento, possibilidades de novos negócios como upsells e cross selling, além de combater possíveis cancelamentos de forma preditiva.

7.4.4. High touch

Voltada para clientes de grande porte, alta complexidade no atendimento, tickets maiores ou com grande importância estratégica. Esse formato é o que mais requer energia, alto nível de personalização e comunicação 1:1. A base para cada profissional de CS é geralmente menor que as demais pois demandam uma atenção maior. Aqui, aumentar o tempo de permanência do cliente na empresa gerando uma receita maior é talvez até mais vital que as outras operações.

A base de atendimento é muito semelhante à que encontramos no modelo mid touch, como a jornada do cliente, marcos de sucesso e demais atividades, contudo o foco aqui é voltado para um atendimento ainda mais diferenciado. As reuniões podem incluir consultoria sobre áreas problemáticas no negócio do cliente, colaborando a personalizar recursos e verificando periodicamente o seu progresso, com uma frequência maior que o formato mid touch. Sendo assim, para a conta dessa operação bater, é preciso que o lucro dos clientes supere o custo-hora dos profissionais dedicados ao atendimento de alto nível.

7.5. SUCCESS MILESTONES, OU MARCOS DE SUCESSO

Independentemente do modelo utilizado, qualquer um dos formatos dará continuidade à jornada do cliente após o onboarding. Na fase de implementação o cliente sai apto para ter autonomia, ou seja, "andar com as próprias pernas" no uso da sua solução. Mas ainda não é o bastante. É preciso que se tenha um acompanhamento estratégico. As suas reuniões deixam de ter um tom mais professoral e passam a ter uma pauta com uma temática mais consultiva do que um foco no ferramental.

Demos os primeiros passos no onboarding e sua jornada agora precisa avançar. O ongoing vem com o papel de fazer com que o engajamento seja constante e ainda maior trazendo na bagagem a ótima experiência no caminho, e é aqui que os success milestones ou marcos de sucesso entram na metodologia de customer success.

Marcos de sucesso são estágios. Cada um deles conta com objetivos e metas a serem alcançadas através de determinadas atividades e possui um checklist de atividades que, uma vez concluídas, levam o cliente ao resultado desejado em constante evolução dentro da sua jornada.

Cada ponto dessa jornada só será efetivo se fizer sentido para o cliente. A sensação de evolução por parte dele é ponto fundamental de um ongoing bem-sucedido. É fundamental que você entenda o que precisa acontecer para que o cliente perceba o seu sucesso tanto dentro do seu produto quanto fora dele. Se a jornada estiver bem mapeada, ficará muito mais fácil aplicar os marcos de sucesso, mas caso ainda esteja em teste, não se preocupe: realizar testes também faz parte do crescimento e amadurecimento da aplicação da metodologia.

Vamos agora a um modelo de estruturação de marcos de sucesso que possa ser aplicado o quanto antes dentro do seu contexto. Vamos voltar ao nosso exemplo de cliente o Weeemail, de que falamos em capítulos anteriores. O desafio da empresa é fazer com que os clientes adotem a solução e fiquem o maior tempo possível com o produto.

Lembre-se, estamos o tempo todo com foco na retenção de clientes, então a palavra de ordem aqui é: previsibilidade. Logo, é muito importante identificar padrões que guiam para o resultado que o cliente precisa chegar, e é por esse caminho que se definem quais são os marcos de sucesso.

Na prática, vamos criar um quadro onde vamos dividir em passos, ações e metas a serem atingidas pelos clientes da Weeemail.

	FASE 1 **USO RECORRENTE**	**FASE 2** **USO ESTRATÉGICO**	**FASE 3** **USO AVANÇADO**
Ações	Subir uma base de e-mails Escrever um e-mail Disparar	Segmentar a base Escrever 2 e-mails Realizar dois disparos	Criar uma automação Escrever 5 e-mails
Metas	Ter 30 e-mails na base Realizar 5 disparos	Taxa de abertura acima de 15% Taxa de cliques acima de 3%	Criar uma trilha de e-mails com dois caminhos na automação

Por mais que tenhamos diversos tipos de clientes na carteira, seja por tamanho da empresa ou nicho de mercado, por exemplo, teremos sempre um ponto em comum: a solução que trazemos para eles, ou seja, quais dores ou necessidades seremos a resposta que eles procuram. Na prática, já atuei em empresas que atendiam centenas de clientes, e apesar das diferenças entre eles, a jornada de um mesmo produto era a mesma.

Uma jornada em construção nem sempre será um caminho fácil e em linha reta. Haverá diversas experimentações, principalmente se for a primeira tentativa desse modelo. Por isso é muito importante identificar os marcos que não levaram ao sucesso. Errar também faz parte, porém a velocidade na correção da rota e novos testes são fundamentais no processo do crescimento e na evolução da metodologia dentro do time de customer success.

Mas não adianta ter tudo traçado no papel e não partir para a prática. Sendo assim vamos tratar logo a seguir sobre os QBRs e como ele se aplica dentro da metodologia de customer success.

7.6. QBRS — QUARTERLY BUSINESS REVIEW E OS MARCOS DE SUCESSO

Como falei no capítulo anterior, vamos combinar que ninguém quer perder tempo em uma reunião para um "cafezinho". Se você chamar um cliente para uma reunião e não mostrar para que veio, dificilmente ele lhe dará uma nova chance. É preciso um propósito, um objetivo e entregar valor ao ponto do cliente querer retomar a conversa em um futuro próximo com novas demandas e uma evolução no que trataram anteriormente. E é nesse cenário que entra o QBR.

QBR (Quarterly Business Review) significa revisão trimestral de negócios ou revisão trimestral de sucesso, em tradução livre. Em outras palavras, é uma reunião com o cliente realizada a cada três meses (ou até mesmo mensal, apesar do nome) com foco em discutir como você está junto aos resultados desejados do cliente dentro da jornada e quais ajustes você pode fazer para atingir as metas futuras e seguir com os próximos passos. Se a sua empresa está com os marcos de sucesso estruturados, é nessas reuniões que checamos se o cliente está conseguindo seguir os objetivos e atingir as metas estipuladas em cada fase.

As QBRs são diferentes de reuniões eventuais com clientes O propósito das reuniões é manter a experiência do cliente com a sua solução alinhada com os objetivos e o valor que ele espera alcançar após a compra. Na prática você até pode falar do seu produto, mas não vai tocar em assuntos relacionados a suporte, por exemplo. A pauta segue o curso da jornada e com mais consistência, segue os marcos de sucesso e suas evoluções.

Se estamos falando em evolução, tenha em mente que essas reuniões estão focadas na construção e fortalecimento do relacionamento com o cliente. Aqui você ajuda seus clientes a desenvolverem estratégias para alcançar resultados de sucesso. Quanto mais você gera valor no atendimento, maior será a satisfação com a sua marca. Isso faz com que ele esteja cada vez mais engajado com você reduzindo a margem para um possível cancelamento.

Acredito que até aqui já entendemos a importância e diferença de um QBR, mas como executar isso no dia a dia? Como podemos fazer uma reunião ser realmente um sucesso? Posso garantir que não há uma receita de bolo que traga todas as respostas, mas vou contar um pouco do que fiz atendendo mais de 300 clientes e milhares de contas em toda a minha carreira e funcionaram nos mais diversos clientes.

7.7. BOAS PRÁTICAS EM REUNIÕES DE SUCESSO DO CLIENTE

O que faz uma reunião ser bem-sucedida? O que você espera alcançar com a reunião? Seja qual for o objetivo em mente é preciso estar preparado. Força de vontade é importante e entusiasmo também, mas o que vai adiantar conduzir muito bem a reunião se tudo isso não estiver carregado de informações realmente relevantes? E o principal, não faça com que o cliente saia do seu encontro achando que ele poderia ter sido um e-mail. Por isso trago aqui algumas lições que divido agora com você.

7.7.1. O que antecede a reunião

Antes de mais nada, você não pode chegar a uma reunião sem as informações básicas de um cliente. Por se tratar de uma reunião de ongoing, você terá diversas informações já registradas pelas áreas anteriores, logo é possível estar munido do contexto do cliente mesmo que esta seja a sua primeira vez com ele. E-mails trocados, registros em históricos, anotações em CRMs, em algum lugar estarão essas informações, e é lá que você precisa buscar para ter ainda mais sucesso no contato com o cliente. Mas você sabe com quem está falando?

Pode parecer um tanto quanto óbvio o que vou dizer aqui, mas certifique-se de que você está realmente convidando a pessoa certa para a conversa. Já fiz diversas reuniões em que a pessoa convidada estava lá comigo para validar os pontos, mas nem de perto era ela quem estava no dia a dia do projeto. Assim, a reunião até aparentou ter sido um sucesso, porém nem de longe foi a mais efetiva para seguir com os próximos passos. Nem sempre quem pagou pela sua solução, assinou o contrato ou mesmo o líder da área de atuação é quem estará à frente de qualquer coisa. Resultado: foi preciso fazer a mesma reunião outra vez.

Definidas as pessoas que estarão junto a você na reunião, é hora de mostrar a que veio. Ninguém quer perder tempo com uma conversa sem objetivo, por isso envie um e-mail com a pauta do que será tratado. Gere um propósito que faça valer a pena agendar esse tempo com você, caso contrário a reunião poderá ser trocada por um outro e-mail de resposta com uma negativa. Depois de agendada a reunião, chega a hora de entrar em ação, seja em uma "call" ou uma reunião presencial.

7.7.2. No momento com o cliente

Você está em uma reunião com o cliente, sendo assim, ele é o foco principal. Você tem um tema para tratar, uma proposta para trazer, um ponto importante a discutir, e é claro que quem vai tomar a frente será você, mas cuidado, pois há uma linha tênue entre passar a informação e virar um monólogo por longos minutos. Por isso, antes de um diagnóstico precoce, e até errado, é preciso entender as necessidades do cliente.

Parece que estou falando algo muito óbvio, e na verdade é. Porém saber ouvir é uma habilidade que requer prática e paciência. Ela é a base de toda a comunicação. E fique muito atento: ao fazer a escuta ativa, não foque apenas as palavras que o cliente fala, pois há todo um cenário por trás disso. Existe uma carga emocional, um tom de voz que mostra se a pessoa está feliz, triste ou mesmo frustrada. Não deixe de ouvir tudo que precisa ser dito, mas conduza a conversa para que ela não fugir para temas desnecessários e perder o foco da reunião. Não pare de ouvir depois; continue até entender completamente a intenção de cada pessoa por trás do que foi dito antes de passar para outro tópico. Anote tudo e passe para a próxima fase da reunião.

E mais uma vez, esta não é a primeira reunião nem o primeiro contato do cliente com a sua empresa. Estamos falando de um cliente que já passou por vendas, esteve com o time de onboarding e agora chegou até você, fica claro que ele já vem com uma bagagem. Logo, depois de analisar o cenário atual, apresente de maneira muito breve aonde ele chegou e o quanto avançou na sua solução por meio de dados. Pode ser o número de clientes que ele já conquistou, a economia de tempo que ele conseguiu, o dinheiro que economizou, aqui vai muito do contexto que você pode trazer ao cliente. A seguir aborde os temas foco da reunião.

Se o modelo for uma revisão mensal ou trimestral de sucesso, você já terá uma trilha de temas a seguir e vai apoiar a sua conversa em um roteiro focado em suas metas. Caso a pauta seja uma oportunidade de upsell, o foco será em mapear essa oportunidade com um tom mais de venda. Em um momento mais delicado, como um resgate de churn, a estratégica será mais assertiva se tiver como norte a negociação com o contorno da insatisfação mais presente do cliente no momento. Não importa qual seja o tema, ouvir é uma arte a ser desenvolvida, falar é uma habilidade a ser adquirida e a ponte para o sucesso desses dois pontos pode ser como fazer as perguntas certas.

Tenha uma mentalidade focada na resolução de problemas. Explorar esse caminho requer perguntas abertas. Isso faz com que você entenda as necessidades do cliente, não só com mais clareza, mas também ajudam você a pensar em como resolver o problema. Às vezes, a primeira resposta não é a chave da sua pergunta, por isso vá além, desenvolva os pontos que o cliente coloca na mesa e faça sugestões que o levem a pensar em pontos que ainda não foram explorados. Um universo de possibilidades pode se abrir com poucas perguntas.

Anote todas as ideias e pontos importantes que vierem da reunião. Em seguida, guarde-as em um lugar de fácil acesso para os próximos encontros. E não termine esta atividade sem duas coisas muito importantes: uma finalização da conversa com os próximos passos e um bom follow up, que veremos logo a seguir.

7.7.3. Follow up

O FUP (follow up), em tradução livre, significa acompanhar. Manter o contato com o cliente após a reunião nada mais é do que dar continuidade à conversa, além de demonstrar compromisso no relacionamento profissional. Mas há muito mais valor por trás desse contato.

O primeiro ponto é deixar registrado o que foi realizado e falado na reunião. Não faça desse e-mail uma ata, isso é desnecessário, mas aponte tudo que possa dar um possível ruído em uma comunicação futura. Valores acertados na call, pontos de validação de algum assunto ou mesmo pontos que seja válido deixar registrado. Coloque em tópicos objetivos, afinal ninguém quer ler um livro dentro de um e-mail.

Outro ponto importante é alinhar os próximos passos. Crie um roteiro pensando no que você e o seu cliente irão realizar daqui pra frente. Essa projeção pode incluir definição de novos objetivos, discussão de novas possibilidades a serem pensadas juntas, um tema importante que vai ser a solução de um problema ou mesmo os próximos passos da sua revisão mensal/trimestral de sucesso. O importante é fazer com que essa reunião futura seja essencial para essa pessoa que estará em mais um encontro com você.

Ao final do seu e-mail, deixe o link da sua agenda disponível ou, caso não tenha, deixe datas disponíveis com dias e horas diferentes. Particularmente, nesta segunda sugestão eu gosto de deixar no máximo três espaços disponíveis na minha agenda. Isso mostra que você também é uma pessoa tão ocupada quanto o cliente, mas que não deixa de dar a oportunidade para realizarem a próxima reunião.

7.8. ESTRATÉGIAS PARA UM ONGOING DE SUCESSO

7.8.1. Atuando com clientes ativos

O cenário perfeito de uma carteira seria todos os clientes estariam engajados, ativos em suas ações, mantendo suas assinaturas ou recompras recorrentes e aumentando os investimentos na sua empresa com frequência. Sabemos que um contexto desenhado dessa forma seria perfeito, porém lidamos com cenários nem sempre favoráveis. Mas clientes engajados existem, e podemos nos aproveitar ao máximo de parcerias e oportunidades que só eles podem nos oferecer.

Clientes saudáveis são um mundo de possibilidades, o ponto-chave desse cenário é entender por onde anda o cliente dentro da jornada. A palavra de ordem mais uma vez é: previsibilidade. O acompanhamento do que se precisa aliada a um bom relacionamento gera uma confiança em quem é atendido e abre diversas possibilidades de expansão de carteira, novas compras ou boas indicações para o time de vendas. Em casos como esse, ser estratégico vai além do playbook de atendimento.

Ao ver um cliente engajado observe o ticket médio. Em um cenário saudável e dentro da jornada, ele é um perfil para um investimento maior? Existe dentro da minha empresa novas possibilidades de negócios? Há produtos ou serviços que agreguem valor ou ajudem a solucionar o problema dele? Faz sentido de verdade ou estarei forçando uma venda para bater a minha meta? Essas informações serão, durante a gestão de carteira de clientes, seu critério para avaliar o relacionamento e priorizar determinadas contas em vez de outras.

Porém tome cuidado: nem todo cliente ativo significa total engajamento. Há clientes extremamente satisfeitos que falam com você, apresentam excelentes números na adoção, dão nota 10 em todos os atendimentos e, mesmo assim, irão cancelar felizes. Sendo assim, não se pode focar apenas perfis engajados; todos os clientes precisam de atenção, e é o que veremos logo a seguir.

7.8.2. Trabalhando com clientes desengajados

Se você quer ter um desafio e tanto na sua carreira, assuma uma base de clientes inativos ou com baixo engajamento. Posso garantir que não é uma tarefa nada fácil. O grande vilão de churns, downsells e metas não batidas ao final do mês geralmente vem de contas com características de pouca adoção. E como lidar com essa situação?

O primeiro ponto é investigar. Por que esses clientes estão inativos? Se aconteceu algo, quais as razões para isso? Uma conta com um grande tempo sem contato pode simplesmente não querer mais um atendimento por achar que não vale a pena. Em outros casos, uma sequência de reuniões sem profundidade ou sem fazer a diferença no dia a dia não agrega em nada nem motiva a fazer qualquer reunião futura. A troca constante de profissionais de CS da conta pode também desmotivar e fazer com que o cliente não queira mais um contato efetivo.

Se você não mostrar a que veio, não trouxer um tema verdadeiramente estratégico na jornada do cliente e que atenda às demandas dele, as chances de cair em um limbo de espera de resposta do cliente será bem grande.

Outro ponto importante é entender se os clientes ainda têm o mesmo propósito que a sua empresa. Existem muitas contas que, com o passar do tempo, acabam se descolando do processo em que a empresa se desenvolve. Os "clientes antigos", que possuem outros objetivos, reclamam de novos valores reajustados com o tempo ou mesmo entendem que precisam de outras soluções que não estão a par do que é oferecido hoje. Perfis assim muitas vezes se afastam do atendimento e ficam até o contrato acabar. Vale mapear se há um comportamento em comum na jornada desses perfis e quando eles se afastaram. Em que mês ou período essas contas não entraram mais em contato? Houve um atendimento em comum? A estratégia de atendimento adotada foi a mesma em todos os casos? E o principal: como podemos engajar essas contas?

Em muitos casos, se a amostra for significativa, vale rever o ongoing e pensar onde os pontos de contato podem estar falhando: se na cadência, no tema da reunião ou na forma de abordagem. Fazer com que um superior ao CSM (coordenador, head ou mesmo diretor) entre em contato para pedir um feedback em alguns casos ajuda a buscar a conta de volta a jornada e ao engajamento.

7.8.3. Resgatando clientes "desaparecidos"

Existem diversos motivos para os clientes simplesmente desaparecerem. O caso mais clássico que observei ao longo da minha carreira é quando o líder do projeto é desligado da empresa e ninguém assume a frente. Muitas vezes acabamos por descobrir o ocorrido meses depois e o risco de cancelamento é muito grande. Contas abandonadas e sem uso podem ser resgatadas a tempo. Não existe uma fórmula pronta, mas deixo aqui, em ordem de ações de contato, as minhas boas práticas que já deram certo nos mais diversos casos.

Envio de e-mail: busque os contatos no seu CRM ou no contrato de vendas. Primeiro envie a mensagem para quem está à frente do projeto; caso não tenha resposta em 48 horas, mande a mensagem a outros contatos registrados. Pode ser o time financeiro, suporte ou qualquer outro, o objetivo aqui é descobrir quem está a frente na área do projeto.

Envio de mensagem instantânea: este é o nome técnico que fazem os aplicativos como WhatsApp, Telegram ou Viber. Se os e-mails não funcionarem, você pode optar por um app de conversa de texto. Seja bem claro no contato para não parecer um vendedor fora de contexto ou um spammer. Deixe claro que o contatado é seu cliente e peça ajuda para encontrar a pessoa certa, caso não seja ela a pessoa quem está à frente do seu produto ou serviço. Lembre-se de que a sua urgência pode não ser a mesma do cliente, por isso tenha paciência no aguardo da resposta. Caso ela não venha, vamos ao próximo passo de tentativa de encontrar um canal de comunicação.

Contato oficial do site: se a empresa tiver áreas que conversam e o site for basicamente administrado, é possível que a sua mensagem chegue até o contato esperado. Muitas vezes o contato é criado para prospecção de leads e geração de novos negócios, logo essa caixa de e-mail deve ser checada com frequência ou direcionada a alguém do time de vendas, ou ser encaminhada ao suporte, quando o e-mail tem a linha de atendimento. Aqui, o tempo de espera de uma resposta é de 48 horas. Mais uma vez, se apresente e diga que são seus clientes e você busca um contato para manter o atendimento. Caso essa tentativa não dê certo, seguimos adiante.

Mídias sociais (Instagram): uma boa prática neste canal é deixar uma mensagem na última postagem do perfil. Em muitos casos, tentar contato via caixa de mensagens pode não ser uma boa saída pois em perfis com muitos seguidores essa informação pode ser perdida no meio de muitas outras solicitações.

Mídias sociais (LinkedIn): de todas as mídias sociais, é o canal em que mais consigo contato. Confesso que mensagens diretas às empresas não surtiram muito efeito, contudo pesquisar os perfil referentes as marcas e filtrar pelos cargos ajuda muito a se comunicar de forma mais assertiva. Ao falar com alguém da empresa, mencione os contatos com quem você tentou falar sem sucesso, pois isso ajuda a criar um tom de familiaridade e autenticidade na informação sem parecer uma prospecção, mensagem de spam ou mesmo uma tentativa de golpe.

E depois de ver o trabalho que dá fazer tudo isso pergunto: vale a pena recuperar esse cliente? A meu ver, tanto para contas desengajadas como "desaparecidas" é que o esforço é recompensador. Um fator importante é que será uma conta a menos na sua carteira ou na do time que irá ser cancelada. Sem contar que muitas das vezes conseguimos ajudar nossos clientes a resolver problemas que estavam a meses com ele e a nossa solução fez muita coisa mudar para melhor. E posso garantir que a sensação do dever cumprido e a satisfação de que tudo valeu a pena é a melhor das recompensas.

7.9. CRIANDO COCKPITS

Em uma definição rápida e prática, o cockpit é o espaço de trabalho do dia a dia para o profissional de CS. É compilado de dados estruturados que com uma boa leitura se transforma em pontos de ação importantes para a base de clientes. Existem os mais variados tipos de modelos que podemos usar para a fase de ongoing. O que busco trazer é uma sugestão para quem não tem ferramenta nenhuma e precisa começar do zero.

Com uma organização básica e uma planilha em mãos, já é possível compilar dados do financeiro e de outros canais para se construir os modelos que explico a seguir. Se você já possui uma ferramenta de CRM, ou mesmo de CS, os dados a seguir podem validar ou dar novos insights às suas estratégias de atendimento.

7.9.1. Modelo low touch

Com uma visão mais ampla e focada no coletivo, esse cockpit tem por objetivo entender a base como um todo. A receita é o foco principal envolvendo as métricas de renovação e cancelamento e dando um norte para como o time no formato low touch pode atuar.

BASE DE CLIENTES	MRR TOTAL	CONTAS EM RENOVAÇÃO	PEDIDOS DE CANCELAMENTO	MRR DE RISCO	REVENUE CHURN ATUAL DO MÊS
1250	R$ 540.000,00	12	8	R$ 13.932,00	2,54%
Meta	R$ 526.068,00	10	4	R$ 10.800,00	2,00%

Base de Clientes: clientes que se encontram na carteira.

MRR total: receita mensal total da base.

Contas em renovação: contas que completaram o ciclo de contrato e irão renovar.

Pedidos de cancelamento: contas que solicitaram churn.

MRR de risco: contas que não pediram cancelamento, mas estão em risco.

Revenue churn atual do mês: percentual de receita perdida no período.

7.9.2. Modelo mid ou high touch 1

Este modelo simples tem por base acompanhar a cadência de reuniões e engajamento de clientes. Na planilha, é possível usar filtros ou ações para se ter visões de prioridades. Em planilhas comuns, é possível também usar o comando de "Formatação Condicional" para atribuir cores em comandos de texto diferentes. Caso não tenha muito conhecimento, basta dar uma pesquisa simples na internet e o passo a passo estará lá.

CLIENTE	MRR	RENOVAÇÃO	PRIORIDADE	STATUS	ANOTAÇÕES
Nome do Cliente	R$ 1.000,00	01/01/2024	Baixa	Reunião realizada	Dados da reunião
Nome do Cliente	R$ 1.000,00	12/02/2024	Média	Reunião agendada	Dados da reunião
Nome do Cliente	R$ 1.000,00	11/07/2023	Alta	E-mail enviado	Dados da reunião
Nome do Cliente	R$ 1.000,00	12/07/2023	Muito Alta	Cliente faltou	Dados da reunião
Nome do Cliente	R$ 1.000,00	13/07/2023	Churn	Não respondeu	Dados da reunião

Cliente: nome do cliente que está sendo atendido.

MRR: receita recorrente mensal.

Renovação: data da renovação da conta.

Prioridade: nível que a conta precisa ser priorizada.

Satus: o que foi realizado com a conta.

Anotações: informações sobre contato, reuniões e outros dados relevantes.

7.9.3. Modelo mid ou high touch 2

Este é um modelo com foco no acompanhamento dos marcos de sucesso. Com ele podemos ter uma visão global da carteira do profissional de CS no quesito de evolução de engajamento das contas. Da mesma forma que o modelo anterior, filtros e formatações poderão ajudar a deixar a tabela ainda mais amigável e dinâmica.

CLIENTE	MRR	FASE 1	FASE 2	FASE 3	HS	RISCO	OBSERVAÇÕES
Nome do Cliente	R$ 1.000,00	ok	ok	ok	100	Baixo	Dados da reunião
Nome do Cliente	R$ 1.000,00	ok	ok	x	80	Médio	Dados da reunião
Nome do Cliente	R$ 1.000,00	x	x	x	10	Alto	Dados da reunião

Cliente: nome do cliente que está sendo atendido.

MRR: receita recorrente mensal.

Fase 1: todas as metas atingidas para passar a fase 2.

Fase 2: todas as metas atingidas para passar a fase 3.

Fase 3: todas as metas atingidas deste ongoing em três fases.

HS: health score, saúde da conta monitorada por software.

Risco: qual a probabilidade do cliente pedir churn ou cancelar.

Observações: informações sobre contato, reuniões e outros dados relevantes.

Há diversas outras formas de se organizar uma base de clientes e muitas outras informações a serem inseridas, como: customer health score, NPS, CSAT, churn, NET MRR churn, LTV, upsell, downsell, MRR ou ARR. O mais importante é tirar a base com informações desencontradas e dar os primeiros passos rumo a organização. Com o passar do tempo, recomendo sair das planilhas convencionais e ir além com ferramentas específicas para customer success que darão dashboards e cockpits muito mais completos e dinâmicos.

7.10. MAPEANDO OPORTUNIDADES NA JORNADA

7.10.1. Qual a diferença entre upsell e cross sell

Upsell é fazer com que o cliente realize uma compra com um valor adicional com uma atualização, uma versão mais avançada do produto ou serviço que pretendia comprar. Não há opção de compra de um novo produto.

O cross sell, conhecido também como venda cruzada, se trata da venda de produtos ou serviços relacionados ou complementares à compra original do cliente. Além de ser uma estratégia de venda que estimula o cliente a consumir mais, ainda melhora a experiência e aumenta a satisfação dele.

7.10.2. Qual o melhor momento para fazer?

A hora certa para realizar um upsell, upgrade ou cross sell é no momento em que fizer sentido para o cliente. A melhor oportunidade de "upselling" de uma forma geral é quando seu cliente atinge um marco de sucesso definido que tem uma oportunidade lógica de expansão que vai caber como uma luva para ele.

E se mesmo assim chegar o momento e você estiver em dúvida se isso faz sentido faça as seguintes perguntas: o seu cliente realmente precisa? Isso vai ajudar o cliente a ter uma solução melhor na sua rotina? No final do dia essa decisão de investir mais vai fazer a diferença?

Não faça um upsell focado em bater a meta. Esse pensamento pode fazer com que as suas relações com a sua base de clientes fique abalada e buscar de volta essa relação de confiança vai custar muito caro.

7.10.3. Contorno de objeções

Nem todo upsell será fácil. Pode haver várias barreiras para que ocorra fechamento de novos negócios que amplie o seu MRR da sua base. A seguir, listo algumas objeções que recebi ao longo das minhas negociações. Quem atua com aquisição de novos negócios vai se identificar bastante, afinal estamos tratando de novas vendas, mas com a diferença que estamos focado em nossos clientes recorrentes.

Estou sem verba para investir: orçamentos limitados são uma das principais objeções que enfrentamos no mercado. O ponto principal de contorno dessa objeção é focar a solução do problema. Saia da questão financeira e mostre que o seu objetivo é resolver um grande problema do cliente. Foco nos benefícios da solução para que o cliente pense se é possível rever o orçamento para ter um problema resolvido.

Acho que preciso de um tempo para pensar: não necessariamente uma negativa para seu negócio, mas postergar pode esfriar a negociação. Aqui é preciso medir a situação; se ele realmente precisa de tempo, marque a próxima call. O mais importante é deixar seu cliente confortável, afinal forçar uma venda pode fazer perder a sua credibilidade.

Já estou bem com a minha solução: lembre-se de que a empresa já é sua cliente. Há um ponto muito sensível aqui entre apresentar uma nova possibilidade ou descredenciar aquela já usada. Oferecer período de teste gratuito ou uma "degustação" faz com que o processo soe mais natural, a avaliação carrega uma pressão menor e processo de venda torna-se muito mais fácil e sem atritos.

Você pode me mandar por e-mail?: às vezes o cliente, por receio de dizer um "não", acaba pedindo para enviar por e-mail. Aqui há um desafio especial, pois você estará disputando a atenção com diversos e-mails. Há pessoas que têm o perfil de gostar de uma comunicação mais assíncrona, logo preferem o e-mail como canal de comunicação, justamente para poder analisar e responder no seu melhor momento. Nesse caso, há uma oportunidade de surpreender o cliente. Agregue valor à sua solução, não deixe o comprador se esquecer de você e crie próximos passos para uma nova conversa.

Gostei, mas achei o valor muito alto: se não há valor agregado, qualquer preço vai ser caro. É muito importante reforçar os benefícios que a solução pode trazer ao cliente. Se houver muita resistência, veja quais são as possibilidades de oferecer descontos, flexibilizar o preço, oferecer teste grátis ou algum bônus que possa gerar o valor e deixar sua oferta ainda mais interessante.

7.11. RENOVAÇÃO

Renovação é um evento, uma transação que reflete o que você fez pelo cliente e qual valor foi entregue durante todo o período em que ele esteve com você. Há muitas empresas que só focam esse tema quando a data que expira o contrato se aproxima e sobre isso posso garantir: se você está olhando as renovações nos últimos 30 dias, provavelmente você está muito atrasado.

Renovar significa mais um ciclo do cliente junto com você. Isso quer dizer que provavelmente você entregou valor ao ponto dele querer manter o relacionamento por mais um período que geralmente são de 12 meses. E o resultado desse ciclo passa pelo profissional de CS, mas contempla muito mais coisas envolvidas. Em contratos com renovações automáticas, temos um processo mais simplificado, mas em contratos sem essa cláusula podemos ter outras variáveis que geram contextos mais complexos.

Nesses casos entenda também que geralmente há mais de uma pessoa envolvida na operação de renovação. Neste cenário, podemos ter o dono da empresa que assinou o contrato e o analista que faz uso da solução, o financeiro que acertou o pagamento e o time que está a frente do projeto ou mesmo o time jurídico que avalia o contrato, passando para o financeiro que administra os custos, terminando na equipe de usuários, ou seja, o caminho para renovar nem sempre é o mais simples. Logo, também é importante detectar quem na sua empresa também se relaciona com essas pessoas. Não esqueça que a empresa como um todo é um trabalho em equipe. O processo em si não é tão simples, porém nem tão complexo que não se resolva, afinal estamos falando de um processo de renovação de contas.

Independentemente do modelo, o tempo e a experiência com os clientes me mostraram que podemos ligar o alerta faltando 90 dias para renovação. Ao chegar a esse período, é importante avaliar alguns pontos. A promessa de venda foi atendida? Durante esse tempo eu gerei um relacionamento significativo? O atendimento do suporte está com uma boa avaliação? Detectei algum descontentamento durante a jornada? Minha cadência de reuniões foi boa? Em algum momento eu não estive presente ou o cliente esteve ausente nas reuniões que agendei? Houve algum down sell durante esses meses anteriores? Todas essas perguntas podem mapear o risco de uma renovação ou mostrar que o caminho está certo para mais 12, 18 ou 24 meses de contrato.

7.12. DESENHANDO O MAPA COMPLETO DA JORNADA

Ao final de todo o processo, podemos desenhar um mapa completo da jornada com cada ação mapeada em seu devido momento. Como toda regra tem exceção, podemos afirmar que esse desenho pode sofrer alterações de acordo com o seu modelo de negócio e comportamento de consumo do cliente, contudo ele com certeza vai ajudar a desenhar seu passo a passo e criar as suas ações de forma mais fácil e intuitiva.

Na linha do meio, temos as fases da jornada. Note que adoção e expansão estão categorizadas com as mesmas cores, já que o segundo evento pode ou não ocorrer, ou seja, o ongoing pode ocorrer com ou sem uma ação de aumento do MRR do cliente. Outro ponto importante a ser destacado é que após a renovação geralmente não realizamos novamente o onboarding ou implementação, já que o cliente segue adotando a mesma solução.

Na parte superior do mapeamento, temos todas as ações previsíveis, ou seja, eventos que podem ser agendados e nos dão uma visão das etapas seguintes. Já na parte inferior, temos os eventos que, por mais que estejam mapeados, podem ocorrer a qualquer momento, ou seja, não são previsíveis.

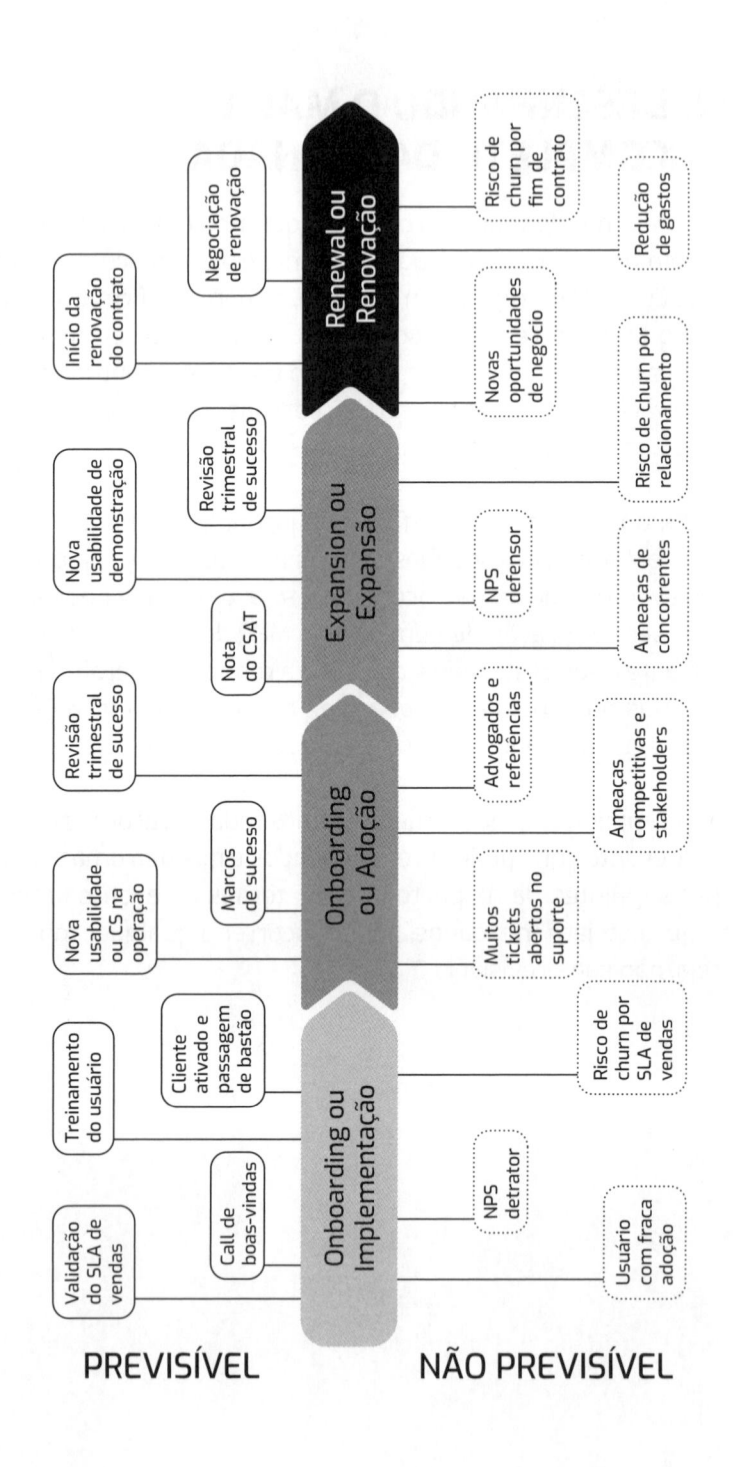

PREVISÍVEL | NÃO PREVISÍVEL

Renewal ou Renovação
- Início da renovação do contrato
- Negociação de renovação
- Risco de churn por fim de contrato
- Redução de gastos
- Novas oportunidades de negócio

Expansion ou Expansão
- Nova usabilidade de demonstração
- Revisão trimestral de sucesso
- Nota do CSAT
- Risco de churn por relacionamento
- NPS defensor
- Ameaças de concorrentes

Onboarding ou Adoção
- Revisão trimestral de sucesso
- Nova usabilidade ou CS na operação
- Marcos de sucesso
- Advogados e referências
- Ameaças competitivas e stakeholders
- Muitos tickets abertos no suporte

Onboarding ou Implementação
- Validação do SLA de vendas
- Call de boas-vindas
- Treinamento do usuário
- Cliente ativado e passagem de bastão
- Risco de churn por SLA de vendas
- NPS detrator
- Usuário com fraca adoção

Mesmo com o mapa em mãos, como podemos ter certeza de que estamos no caminho correto? Qual a melhor forma de descobrirmos se nos encontramos no melhor ou pior cenário? Para essas e outras perguntas, teremos as respostas no resultado de nossas métricas.

7.13. MÉTRICAS DE PERFORMANCE

Se você tomar as suas decisões sem estar baseado em dados, posso garantir que em algum ponto estará indo para o lado errado. Contra dados não há argumentos, ou melhor, haverá argumentos muito mais assertivos e com grandes chances de sucesso em suas tomadas de decisões. Assim, vou mostrar alguns KPIs que podem ajudar no seu dia a dia nas ações de customer success.

7.13.1. Monthly Recurring Revenue (MRR)

Chamada de receita recorrente mensal, é a métrica que indica a receita total previsível gerada por sua empresa a partir de todas as assinaturas ativas em um determinado mês. Calcular o MRR é simples: basta multiplicar o número de assinantes mensais pela receita média por usuário; se tiver mais de um plano, pode utilizar outra fórmula.

$$MRR = \left\{ \begin{array}{c} \text{Nº de clientes do Plano 01} \\ \times \\ \text{Ticket médio do Plano 01} \end{array} \right\} + \left\{ \begin{array}{c} \text{Nº de clientes do Plano 02} \\ \times \\ \text{Ticket médio do Plano 02} \end{array} \right\}$$

Entender a receita recorrente é o ponto principal para dar os próximos passos em suas mensurações. Caso contrário, não será possível prever o futuro da sua empresa de forma saudável nem saber onde dar os próximos passos.

7.13.2. Customer acquisition cost (CAC)

Comentamos sobre ela no início do livro. Na tradução livre, chamamos de custo de aquisição do cliente. Como o próprio nome já diz, ele mostra quanto custa para você adquirir um novo cliente. Há diversas formas para se calcular isso, mas vamos nos focar a forma mais simples. Ele se dá adicionando o custo de vendas ao custo de marketing e dividindo a soma pelo número de novos clientes adquiridos em um determinado período de tempo.

$$CAC = \frac{\text{Custos de Vendas} + \text{Custos de Marketing}}{\text{Novos clientes adquiridos}}$$

Vale a pena medir o CAC para entender se o investimentos em aquisição estão no caminho certo. Não caia na armadilha de que o melhor CAC é sempre o de menor valor. Para ter certeza de que está no caminho certo, vale puxar essa métrica e se apoiar nos dados de LTV, que veremos logo a seguir.

7.13.3. Lifetime value (LTV)

Nós já falamos desta métrica anteriormente, mas pela sua importância é válido ressaltar. O LTV é basicamente a quantidade de dinheiro que uma empresa ganha de um cliente durante o período em que faz negócios com ele ou, sendo um pouco mais técnico, é o cálculo realizado para mensurar o valor médio ganho de um cliente ao longo do tempo. A definição é simples, mas a sua importância é vital para a sobrevivência das empresas.

Há algumas formas para se encontrar o LTV. De maneira simples, é a soma de todos os valores gastos por um consumidor enquanto ele é, de fato, um cliente da marca.

> LTV = Ticket médio × Nº de meses na empresa

Ter uma estimativa precisa do LTV dos clientes fornece uma visão muito mais clara de seus produtos, marketing e processos de vendas e como a marca está se traduzindo em receita de longo prazo.

Há alguns insights muito interessantes que você pode tirar com o LTV. O tempo de casa de seus clientes fornece informações valiosas para ajudá-lo a administrar seus negócios de maneira mais eficaz e lucrativa. É possível classificar quais os clientes são mais rentáveis, qual o melhor perfil para o seu time de vendas, quais contas são bons exemplos para que seja reduzida a taxa de cancelamentos, entre muitas outras.

7.13.4. Customer satisfaction score (CSAT)

É a métrica que calcula o índice de satisfação do cliente. Ela é usada para medir o desempenho geral do atendimento ao cliente com base em sua experiência toda vez que ele interage com sua empresa, serviço ou produto. Sabe aquela nota que você geralmente atribui marcando estrelas e depois fazendo um comentário? Pois é dela que estamos falando.

Para medir o CSAT, faça a seguinte pergunta: "O quanto você está satisfeito com (produto/serviço/experiência)?" Com a pergunta, o cliente escolhe sua resposta em uma escala de 1 a 5 pontos. Para se ter um feedback mais rico, você pode também inserir uma caixa de comentários na qual os clientes podem fornecer o porquê da nota.

$$CSAT = \frac{\text{(Total de respostas entre 4 e 5)}}{\text{Total de respostas da pesquisa realizada}} \times 100$$

Com os resultados em mãos, você pode analisar e aprimorar a jornada do cliente bem como melhorar o seu relacionamento ao longo do tempo, fazendo ajustes e buscando feedbacks com frequência. Além disso, essa estratégia é de fácil implementação e tem custo baixo.

7.13.5. Net promoter score (NPS)

É a métrica que ajuda a incorporar o feedback do consumidor à estratégia de sua empresa. Ela mensura quais são os seus fãs/promotores e quais são os detratores da marca. Para isso faça a seguinte pergunta:

> "Qual a probabilidade de você recomendar a nossa solução para um amigo ou familiar?"
>
> [1] [2] [3] [4] [5] [6] [7] [8] [9] [10]

A resposta estará em uma escala de 0 a 10, em que:

- → 0 a 6 são os detratores: os consumidores insatisfeitos que provavelmente desencorajam outras pessoas a comprarem de você.
- → 7 a 8 são os neutros: eles estão satisfeitos com seu serviço, mas não o suficiente para promovê-lo.

→ 9 a 10 são os promotores: gostam muito da sua marca, produtos e serviços e certamente recomendarão a outras pessoas.

Para calcular, use o percentual dos promotores e detratores. Não use os neutros, pois isso vai fazer com que a sua pontuação saia errada.

$$NPS = \%\ Promotores - \%\ Detratores$$

A pontuação pode variar entre -100 a +100, e quanto maior o número, melhor para sua empresa. Cada escala representa uma situação sobre seus clientes.

- → NPS Excelente ou Zona de Excelência: entre 75 e 100
- → NPS Muito bom ou Zona de Qualidade: entre 50 e 74
- → NPS Razoável ou Zona de Aperfeiçoamento: entre 0 e 49
- → NPS Ruim ou Zona Crítica: entre -100 e -1

7.13.6. Customer effort score (CES)

É a métrica de atendimento que mede os níveis de esforço que os clientes têm para colocar em uma determinada interação com você para atingir seus objetivos. É possível mensurar como foi o processo de compra para o cliente, facilidade de uso do serviço adquirido ou mesmo a eficácia no atendimento ao cliente, nosso foco principal por aqui.

Você pode avaliar o CES fazendo uma pergunta simples: "Foi fácil interagir conosco?" ou "[Nome da empresa] facilitou para eu lidar com meu problema?", ou mesmo "Em uma escala de 'muito fácil' a 'muito difícil', como foi se relacionar com a nossa empresa?". Os clientes podem classificar a experiência em uma escala de 1 a 7 pontos, variando de "Muito difícil" a "Muito fácil", como no exemplo a seguir.

Em uma escala de 1 a 7 foi fácil resolver o seu problema?

Discordo totalmente [1] [2] [3] [4] [5] [6] [7] Concordo totalmente

O cálculo é realizado da seguinte forma: somam-se todas as notas e dividem-se pelo número de pessoas que responderam à pergunta. Uma nota maior do que 5 (na escala de 1 a 7) já significa um CES bom.

$$CES = \frac{\text{Total de notas somadas}}{\text{Total de pessoas que responderam}}$$

A métrica é excelente pois fornece feedbacks claros para melhorar aspectos específicos da experiência do cliente. Mas cuidado, ela só irá funcionar de fato se você fizer essa pergunta aos clientes logo após a experiência.

7.13.7. Customer health score (CHS)

É a métrica que monitora a saúde do cliente, ou seja, qual o seu comportamento em relação a adoção da sua solução. Mensurada geralmente com notas de 0 a 100, o health score ajuda a prever a probabilidade deos clientes permanecerem consistentes, crescerem ou desistirem. Quando bem calibrado o CHS permite que equipes e líderes de CS descubram os riscos de forma proativa e consigam captar insatisfações antes de qualquer pedido de cancelamento.

Health Score = Total de ações × 1 + Total de ações × 2 + Total de ações × 3...

Há inúmeras variáveis para se calcular o customer health score, mas o principal deles é a frequência de uso. Eu mesmo já trabalhei desde operações mais simples em que as páginas visitadas valiam como 1 ponto cada até em operações mais complexas nas quais o acesso a cada funcionalidade possuía um peso diferente.

7.13.8. Churn

O churn, ou taxa de cancelamento de clientes, sozinho já é um ótimo indicador básico para entender como está indo o seu LTV. A maioria das empresas sabe que reter clientes a longo prazo é uma estratégia melhor e muito mais econômica do que adquirir novos clientes. Temos muito a falar dessa métrica, mas para isso deixei um capítulo inteiro, no qual focaremos o cancelamento e as suas métricas.

7.13.9. North Star (NSM)

Esta métrica não é muito comum no dia a dia de customer success, mas achei válido inseri-la pois se trata de uma mensuração que está além do time de CS. Ela visa ajudar as empresas a alinhar as equipes em uma métrica-chave ou única que mede o valor entregue como um indicador de crescimento.

Com as equipes de vendas, produto, marketing, suporte, TI e customer success, todas focadas em seus próprios KPI, a north star atua como uma bússola que visa alinhar toda a empresa com as metas comuns e impulsionar a visibilidade de cada departamento.

Uma boa NSM deve ser capaz de:

- → Medir o valor do produto: ela deve ser capaz de rastrear o momento em que os clientes encontram valor em seu produto (times de onboarding, produtos, suporte, vendas etc.).
- → Representar a estratégia do produto: o núcleo da sua estratégia de produto (marketing, vendas, customer success etc.).

Sendo um indicador líder de receita, ela deve se tornar um indicador líder de negócios para sua empresa, em vez de um indicador atrasado (como churn, em que toda a empresa em algum processo é direta ou indiretamente responsável).

> NSM = Desculpe, mas não há fórmula pronta

Os cálculos da NSM variam de uma empresa a outra. Ela pode estar em torno de contas pagas, clientes em trial, mensagens enviadas, corridas feitas por motoristas ou mesmo números de times usando a plataforma. Em todos os casos, são números essenciais que incluem toda a empresa fazendo a sua parte.

7.14. CHECKLIST DO CAPÍTULO

- ☑ Sobre meus amigos de infância
- ☑ Criando o ongoing do zero
- ☑ Analisando a base de clientes
- ☑ Formatos de atendimento ongoing
- ☑ Success milestones, ou marcos de sucesso
- ☑ QBRs e os marcos de sucesso
- ☑ Reuniões de sucesso do cliente
- ☑ Estratégias para um ongoing de sucesso
- ☑ Criando cockpits
- ☑ Mapeando oportunidades na jornada
- ☑ Renovação
- ☑ Métricas de performance

CAPÍTULO 8
CHURN

8.1. CANCELAMENTO DE CONTAS E A METÁFORA DO MAR

Antes de começarmos a falar de fato sobre cancelamentos eu gostaria muito de comentar sobre o sentimento de receber um pedido de churn. E pode ter certeza que eu tenho conhecimento de causa. Sabe quantas contas eu já perdi na minha carreira? Pois então, eu também não sei te responder, mas foram muitas a ponto de eu me perder nas contas. Por isso eu gostaria muito de dividir o sentimento e dizer que ninguém está sozinho nessa.

Imagine que você está em mais um dia normal de trabalho. Demandas, calls, reuniões, tudo indica que nada irá fora da sua rotina comum de atendimentos, mas de repente algo acontece.

Um alarme é disparado e pessoas começam correr desesperadas ao seu redor, você entra em pânico sem entender o que se passa. O tempo ainda está ensolarado, mas algo acontece de estranho lá fora e ao olhar para a janela o improvável está acontecendo: há uma onda gigante em grande velocidade vindo na sua direção arrasando tudo que encontra. Alguém perto de você grita "é um tsunami!".

Os tsunamis têm comprimentos de onda que variam de 100 km a 500 km chegando até 50m de altura e em mar aberto se deslocam em até 890 km/h. O volume de água destrói tudo em uma velocidade incrível e você, incapaz de fazer qualquer coisa, apenas vê aquele volume de água formando uma sombra enorme e não há nada que se possa fazer. Desespero, falta de ar, você não consegue gritar, resta apenas fechar os olhos e esperar... sinto lhe dizer mas a sua hora chegou.

Depois de achar que sua vida acabou, você abre os olhos e se dá conta que tudo está normal. Novamente você se vira para a caixa de mensagens, lê mais uma vez o e-mail com o título: "pedido de cancelamento", respira fundo e vai tratar do churn.

Exageros à parte, o maior sentimento que temos inicialmente é de incapacidade frente ao pedido. "Onde foi que eu errei? Mas eu atendi tão bem!" são apenas alguns pensamentos de vários que nos acontecem. Apesar de um dia todo cliente ter um fim de ciclo na sua empresa, nosso objetivo aqui é fazer com que ele fique o maior tempo possível dentro da nossa casa.

Peço que, para ler as próximas páginas, dê uma folga para o seu sentimento de autossabotagem e mande-o para bem longe. Tenha em mente que boa parte dos pedidos de cancelamento são reversíveis. Sendo assim, este capítulo vai trabalhar em cima de três palavras: previsibilidade, resgate e retenção.

8.2. O QUE É CHURN

De forma bem prática e objetiva, o churn é a medida de quantos clientes param de usar um produto ou serviço que sua empresa oferece gerando perda de receita. Essa métrica é avaliada por um período de tempo específico, na prática pode-se considerar um mês. Em outras palavras, os clientes que param de usar/pagar são considerados "churn".

A maioria das empresas encara como uma métrica de forma negativa, afinal quem gosta de mensurar o quanto está perdendo ao longo de um período? Mas consigo ver esses dados como um sinal de clareza. O churn não mede só os cancelamentos, mas o quanto a empresa está eficiente na retenção de clientes.

O cancelamento é reflexo de algum ou alguns pontos fracos a serem melhorados dentro da empresa. A taxa de churn aponta em números e percentuais os períodos com mais ou menos saídas de contas, e cabe aos profissionais entender o porquê dessa evasão e sanar o mais rápido possível.

Importante: nem todo cliente conta como churn. Um cliente de fato só vai ser considerado churn se ele gerar receita. Se o fluxo de receita recorrente reportável desse cliente chegar a zero você já pode considerar um cancelamento e inserir o churn na base de cálculo. Se ele está na base e não gera receita, por qualquer motivo que seja, ele não entra nas contas de perda de receita já que ele não soma. Em resumo: churn zero menos zero é igual a zero.

8.3. COMO PREVER O CHURN

O churn pode ser uma surpresa, mas geralmente apresenta alguns sinais em comum que acabam se transformando em um padrão comportamental; assim, o cancelamento pode ser monitorado. Não é uma regra imposta, mas os pontos abaixo podem ajudar a entender quando ligar o sinal amarelo enquanto o mar ainda está instável, porém sem um alerta de uma grande onda a caminho.

8.3.1. Cliente entra na base com quebra de SLA

Este ponto já pode ser monitorado no primeiro dia da conta na carteira. Posso afirmar que tem cliente que chega na base do pós-venda já cancelado. O motivo? A quebra do SLA. É muito importante o cliente vir com as expectativas alinhadas desde o início e cabe ao CS revisar os aspectos de entrada da conta e observar se ela está adequada. Se um cliente simplesmente não se encaixa no seu perfil (ou soluções, escopo etc.), haverá grandes chances de ele cancelar em um curtíssimo período de tempo.

8.3.2. Comportamento do cliente no onboarding

Pode ser monitorado dos primeiros dias da conta até o fim da implementação, que pode durar de 30 a 90 dias de acordo com cada produto ou serviço. A missão principal é fazer com que a ideia da entrega final seja comprada pelo cliente. Se o cliente começa a faltar em suas reuniões por qualquer motivo, não faz o prometido de alguma entrega que combinaram ou mesmo reclama da ferramenta sem ao menos estar de fato engajado, pode ter certeza que são fortes sinais de um pedido de cancelamento a caminho.

8.3.3. Comportamento do cliente no ongoing

Pode ser monitorado após a ativação da ferramenta ou introduzido as premissas do serviço oferecido. É o período mais longo do relacionamento do cliente com o CS, e há sinais que podem se tornar fortes evidências de um churn eminente, assim como no onboarding as ausências às reuniões sem justificativas acendem um alerta. Há o caso, também, de o dono do projeto terceirizar a reunião para outra pessoa que nada tem a ver com a solução acordada. Podemos ainda somar os sintomas de baixo uso da ferramenta que, por consequência, gera a possibilidade de inadimplência e, com a soma dos fatores, o cancelamento consolidado.

8.3.4. Renovações monitoradas com risco de churn

Aqui entramos na fase final entre os últimos dois ou três meses do contrato. Geralmente os sinais já estão evidentes e o histórico do cliente já aponta se a renovação será tranquila ou um grande desafio de combate a um cancelamento a caminho. Existem clientes que renovam reclamando o tempo todo e outros que cancelam dando nota 10 ao seu atendimento. Logo, não adianta usar como referência apenas as notas de atendimento, é preciso estar com todos os outros sinais já mencionados monitorados

8.3.5. Análise de safras

Além de todos esses sinais, ainda é possível entender se há épocas em que os cancelamentos podem ocorrer com mais frequência, por isso estudar a entrada de contas em períodos anteriores vai ajudar e muito a controlar possíveis tsunamis de cancelamentos em massa em virtude de promoções de vendas desalinhadas, pacotes de onboardings fora do escopo ou atendimentos fora dos padrões de carteira. Estes são apenas alguns exemplos de inúmeros acontecimentos que podem ocorrer em cenários históricos que podem se repetir. É importante monitorar, aprender com o passado e entender como não deixar acontecer novamente no futuro. Neste ponto, considero também fazer uma análise cohort dos dados para uma melhor visualização e coleta de insights.

8.4. POR QUE CLIENTES CANCELAM

Primeiramente, porque sim. O que vou dizer agora soa até mesmo com uma premonição catastrófica (lembra-se do tsunami no início do capítulo?), mas não importa o quanto você trabalhe ou se esforce, um dia todo cliente irá cancelar. Então, tenha em mente que não podemos ter o foco no cancelamento, e sim em quanto tempo eu consigo deixar o meu cliente na minha base de forma saudável e como levar a melhor experiência para ele.

Não é porque um cliente cancela que ele está insatisfeito com você; em alguns casos pode até mesmo solicitar o churn e ainda assim indicar novos clientes para a sua empresa. Parece contraditório, mas isso já aconteceu comigo mais vezes do que você pode imaginar.

Existem diversos motivos para um cliente cancelar, e há muitos pontos em comum que podem ocorrer em qualquer empresa que trabalhe no formato de recorrência. Vamos deixar claro que esses casos não são exceções à regra, então, se algum deles já aconteceu na sua empresa, fique tranquilo, você não está sozinho nessa, e o melhor: há formas de evitar o churn. Vou trazer algumas frases e motivos que ouvi quando os clientes pediram cancelamento.

8.5. MOTIVOS DE CANCELAMENTO E SOLUÇÕES DE COMBATE AO CHURN

Uma taxa de churn significativa não diz por que você tem uma alta taxa de churn; ela apenas informa qual é essa taxa. Conforme comentei anteriormente, há diversos motivos para os clientes irem embora, contudo compreendo que o foco principal, e o que acaba acarretando todos os outros, é a falta de valor dado ao seu produto ou serviço. Na essência, significa que um cliente simplesmente não está vendo os resultados prometidos da sua solução. Ele pode achar que simplesmente não precisa mais de você. Ao final do dia, o que nós buscamos é ter um relacionamento em que nossos clientes mantenham uma parceria de longo prazo.

Há diversas maneiras para se descobrir as razões de cancelamento. Você pode começar a identificar por meio de um passo a passo bem simples que indico a seguir.

Selecione os clientes: se possível escolha de 10 a 20 clientes que deram churn recentemente. Se tiver bases diferentes, é bom mapear se estão com as mesmas características e se estão todas dentro do SLA de vendas ou se encaixam no ICP (cliente ideal).

Faça entrevistas: converse com eles não só sobre o motivo, mas entenda os antecedentes. Seja atencioso e anote antes de analisar. Qual a promessa de venda, o que aconteceu durante o uso, quais os sinais que levaram a cancelar? Essas são algumas perguntas que podem ser feitas.

Seja analítico: observe os dados e busque o histórico na base para comparação (mês/mês e ano/ano). Não deixe de levar em consideração o momento da compra. Às vezes, uma promoção, uma aquisição por impulso ou mesmo vendas atravessadas podem compor esse cenário. Fique de olho.

Compare os dados: encontre os pontos em comum nas respostas dos entrevistados, mas muito cuidado para não generalizar e se autoinduzir a um erro ou lugar-comum. Há padrão de comportamento? Amplie seus dados com o histórico da base.

Crie um plano de ação: com os aprendizados em mãos, é hora de combater os principais casos de churn. É preciso reunir os times de várias áreas, pois todos estamos responsáveis pelo cliente. Trabalhar em grupo é a palavra-chave para um bom desenvolvimento de ações.

Existem muitos motivos que levam ao cancelamento, mas para ajudar no processo e no combate ao churn, trago alguns casos muito comuns que vivi em toda a minha carreira, o que fiz para reverter os pedidos e as estratégias que na prática deram certo.

8.5.1. O preço está alto

Situação: o cliente acha um produto caro quando ele não vê valor suficiente no que ele está pagando. Se a adoção for quase zero, pode ter certeza de que ele realmente está pagando por algo sem nenhum valor para ele.

Solução: se ele acha caro porque não usa, faça um onboarding express focado nas necessidades principais e gere um valor o mais rápido possível. Se a questão for realmente monetária, busque um desconto por um período de tempo ou, se possível, busque um plano mais barato com menos funcionalidades que possa se adequar ao bolso do cliente.

8.5.2. O produto não atende

Situação: clientes não compram produtos, eles adquirem soluções para deixarem o dia a dia da empresa mais fácil, ou suas vidas melhores. Se o produto não estiver atendendo às expectativas ou se os recursos prometidos não estiverem sendo entregues, o cancelamento é só uma questão de tempo.

Solução: muitas vezes o cliente quer algo que a ferramenta já possui, mas ele não entendeu onde estava; neste caso basta ensiná-lo e gerar o valor. Há casos ainda em que a promessa de venda é algo que ainda vai ser desenvolvido; neste aspecto vale a pena entender os prazos e alinhar ao cliente, fomentando outros pontos que possam ajudar no seu modelo de negócio. Caso ainda a ferramenta não atenda, é possível buscar recursos complementares que possam acompanhar o caso e ser uma solução paliativa ou definitiva.

8.5.3. Estou usando um concorrente

Situação: não importa o nível de parceria ou fidelidade, sempre haverá alguém oferecendo uma solução igual ou semelhante a sua para o seu cliente. Se a concorrência se torna muito atraente, muitas vezes há pouco que você pode fazer para buscar um cliente de volta.

Solução: primeiro entenda há quanto tempo o cliente está com a ferramenta concorrente e o porquê. Em muitas situações pode ser uma funcionalidade que seu produto não tem ou um serviço diferenciado. Busque identificar se é possível preencher essa lacuna e se a quebra de contrato com o corrente é possível. Não é uma tarefa fácil, porém não é impossível.

8.5.4. Mudamos o foco da empresa

Situação: em muitos casos são situações que envolvem a estratégia de negócio. Fatores internos e decisões da diretoria, por exemplo, são alguns deles e levam o cliente ao pedido de cancelamento.

Solução: questione o cliente se realmente o produto ou serviço não é indispensável. Desenhe o cenário anterior, veja o atual e mostre possibilidades futuras e como a parceria pode perdurar e ser lucrativa. Às vezes "fazer uma aposta" pode ser uma boa. Reduza o valor mensal por um ou dois meses, fortalecendo a parceria, e faça um plano de ação; caso não dê certo cancele o contrato, se der certo é ponto para a parceria!

8.5.5. Não me sinto valorizado

Situação: em muitos casos, seja por motivo de uma base grande ou tier de atendimento, o cliente pode não se sentir tão valorizado quanto deveria. A demora em uma resposta ou um canal que ele não tem acesso pode ser o estopim para migrar a um concorrente que lhe dê a atenção que tanto ele pede.

Solução: aqui é bom mapear para não perder o timming de resgatar uma conta. Em muitos casos, uma boa conversa para escutar o cliente resolve a situação. Se a insatisfação for alta, peça para um gestor entrar em call junto. Isso dá um reforço de que a empresa não mede esforços para dar a tão devida atenção ao cliente.

8.5.6. Não gostei do atendimento

Situação: ninguém gosta de passar por uma má experiência. Às vezes o cliente não está em um bom dia ou mesmo o profissional CS pode não estar emocionalmente equilibrado (somos seres humanos e estamos suscetíveis a isso). Rotatividade da conta, demora na primeira resposta, transição errada de um canal para o outro, são diversos os motivos para uma experiência em que o cliente peça cancelamento. Mas quero deixar um ponto especial que já vi e vivi pessoalmente. Infelizmente, em alguns casos presenciei clientes que pediram a troca de membro do time por questões de preconceitos, como machismo, racismo, LGBTfobia, entre outros. Algumas reclamações estão nas entrelinhas e outras escancaradas, como da vez em que uma conta passou para mim porque o cliente não queria ser atendido por uma mulher divorciada. Acredite, isso acontece.

Solução: não leve para o lado pessoal, mas trocar o profissional pode ser uma boa saída. Um dia isso acontece com todo profissional de customer success (inclusive comigo algumas vezes). Escalar a conversa para a gerência, trazer algum especialista na área do cliente também são pontos que incrementam o atendimento e fazem com que o cliente desista do cancelamento.

8.5.7. Não temos ninguém para tocar o projeto

Situação: não é incomum o líder do projeto para o qual você presta serviço ou que a sua ferramenta saia da empresa. A falta de um proprietário dentro do cliente faz com que o engajamento caia ou seja nulo. Nesse cenário, a comunicação se perde e geralmente fica no escuro.

Solução: é preciso antecipar o processo, criando uma comunicação franca e aberta com a criação de um bom relacionamento. Às vezes, não é possível prever, devido a uma demissão inesperada, e nesse caso é importante mapear quem está acima do colaborador desligado para se colocar à disposição do projeto. Apresente o histórico e os avanços que construíram juntos e prepare um onboarding express para o novo membro da empresa que vai tocar o projeto junto com você.

8.6. MÉTRICAS DE PERFORMANCE E CÁLCULO DO CHURN

Há diversas formas para se calcular o churn e cada uma dessas métricas vai dar uma resposta valiosa ao seu trabalho. Mas antes de seguirmos com as fórmulas e cálculos matemáticos, eu aconselho alguns cuidados

Verifique se os dados estão corretos: às vezes o CRM possui um dado e o software financeiro tem outro. Vale a pena comparar as informações.

Valide as suas fórmulas: se você não tem um software de CS, é muito importante dar uma dupla verificação. Mesmo que seja você o responsável peça para alguém olhar a fórmula e dizer o que está escrito nela.

Faça mapeamento de eventos: números sozinhos são apenas dados no ar. Veja o que aconteceu na empresa nos meses analisados. Campanhas de marketing, promoções de vendas, incidentes com o produto são apenas alguns casos que podem impactar as métricas e alimentar a sua análise.

8.6.1. Logo churn

Logo churn, também conhecido como client churn, customer churn ou churn de clientes, identifica o número absoluto de clientes cancelados em um período determinado. A métrica fornece informações sobre quantos clientes optam por desistir da recorrência ou por não renovar em um determinado tempo decorrido.

$$\text{Logo Churn} = (\text{Total de clientes cancelados no período})$$

8.6.2. Logo churn rate

É a mensuração percentual da perda de clientes ao longo de um período.

$$\text{Logo Churn Rate} = \frac{(\text{Total de clientes cancelados no período})}{(\text{Total de clientes no início do período})} \times 100$$

8.6.3. Revenue churn

Revenue churn, também conhecido como churn de receita, é a taxa de cancelamentos e downgrades medida em receita perdida no período. Assim, ao contrário de Logo churn, não é uma métrica binária, ou seja, um cliente pode causar uma redução na receita sem terminar o relacionamento com você pagando menos.

$$\text{Revenue Churn Rate} = \frac{\text{(Receita Total do Período)}}{\text{(Receita Total do Início do Período)}} \times 100$$

8.6.4. Net revenue churn

Net revenue churn, ou percentual de churn de receita, é a porcentagem da receita que você perdeu dos clientes existentes em um período. Com ele é possível saber a receita líquida que a empresa deixou de ganhar. Para isso, leva-se em consideração os valores de downsell e de upsell.

$$\text{Net Revenue Churn} = \frac{\text{(Revenue Churn + Expansion (upsell - downsell))}}{\text{(Receita Total do Início do Período)}} \times 100$$

8.6.5. MRR churn

MRR (Monthly Recurring Revenue) é a receita recorrente mensal. O MRR churn é uma das métricas mais usadas quando se refere ao cancelamento de contas.

$$\text{MRR Churn} = \frac{\text{(Total MRR Churn)}}{\text{(Total MRR no Início do Mês)}} \times 100$$

8.6.6. ARR churn

ARR (Annual Recurring Revenue), ou receita recorrente anual, é a métrica focada em assinaturas de contratos anuais envolvendo todas as ações de expansão (upsell + crossell - downsell) durante os 12 meses do período corrente.

$$\text{ARR Churn} = \frac{\text{(Total do Churn da receita no ano − Receita Expandida no ano)}}{\text{(Total ARR no Início do Ano)}} \times 100$$

8.6.7. Retention rate

Com a retention rate, ou taxa de retenção, em vez de focarmos apenas os cancelamentos, podemos também observar o quanto de receita foi retida para a empresa. A retenção mede quantos clientes ou quanta receita você retém durante um período de tempo.

$$\text{Taxa de Retenção da Receita Líquida} = \frac{\text{(Receita no Início do Período + Receita de Expansão − Receita Churn)}}{\text{(Receita no Início do Período)}} \times 100$$

8.7. OS NÚMEROS DO MERCADO

A inglesa Cobloon, especializada em crescimento de empresas SaaS, ao compilar mais de cinco estudos do mundo todo sobre benchmarks de taxas de churn. chegou aos seguintes pontos em comum:

Taxa de churn anual

- Grandes empresas: 5% a 7%
- Pequenas e médias (primeiro ano): 10% a 15%

Taxa de churn mensal

- Grandes empresas: 1%
- Pequenas e médias: 3% a 5%

Taxa de logo churn mensal

- Grandes empresas: 1% a 2%
- Pequenas e médias: 3% a 7%

Além desses números, trago um estudo intitulado "The World's Largest Study on SaaS churn" ("O maior estudo sobre churns de SaaS do mundo", em tradução livre) realizado pela empresa americana ProfitWell em 2021.

Churn mensal por nichos de mercado

- Software B2C: 5,11%
- Sites/Portais por assinatura: 5,86%
- Streaming: 7,75%
- EADs: 9,78%
- Fitness: 9,75%

- E-commerce por assinatura (assine e economize)[6]: 10,48%
- E-commerce por assinatura (clubes de assinatura)[7]: 11,47%

Posso garantir que esses dados estão muito próximos à realidade do mercado brasileiro e referências são sempre bem-vindas para se ter como um norte e proporcionar um caminho mais visível. Mas deixa eu te contar uma coisa sobre isso: talvez esses números jamais serão a sua realidade e está tudo bem.

Por exemplo: se você trabalha com poucas contas (10 a 20), tenho certeza de que com três cancelamentos a sua taxa de churn será alta, mas não necessariamente um alerta de que está à beira da falência. Sua empresa pode estar amadurecendo e assim demitindo clientes fora do novo perfil (ICP ou persona), os clientes podem ter encerrado o projeto com você com data prevista ou mesmo a sua empresa pode ter por objetivo ganhar mais rentabilidade com menos clientes. Logo, não são os percentuais que darão a resposta de tudo, mas, sim, a sua receita e os fatores atrelados a ela dentro do cenário do mercado e da empresa.

Outro ponto importante é entendermos que a taxa de churn tem foco muito mais no número de clientes, e não na sua história em si. Não adianta apenas mensurar a saída e seus motivos sem focar o tempo de casa e o impacto que isso causa no negócio. Perder novos clientes em comparação a clientes fidelizados tem uma grande diferença. Enquanto os novatos na base têm seus motivos para saída, clientes

---

6 É o modelo Subscribe and Save: você assina entregas programadas regularmente e ganha descontos. Os produtos são muitos variados e vão de fraldas a petiscos para pets, por exemplo.

7 Os clubes de assinatura são programas que você assina e todo mês recebe produtos relacionados ao seu perfil, como livros, produtos pet, lanches fitness, vinhos ou produtos de beleza. Estes são alguns exemplos dos mais variados nichos de mercado.

fiéis, e às vezes até advogados da marca, que estão há muito tempo, podem ter razões para sair ainda mais significativas e precisam de uma atenção especial.

Mais uma questão a ser observada é o fato de que nem sempre um churn alto é motivo de queda nos números, na verdade pode ser até um sinal de crescimento. Exemplo: uma empresa apresentou 5% a mais de churn que no mês passado, mas o faturamento aumentou. Como assim? A resposta é simples: as vendas aumentaram 200% em relação ao período anterior.

Antes de pensar em taxas de mercado, foque o seu crescimento. Quanto perdi nos meses anteriores e o que fiz para mudar essa realidade? Grande parte das empresas com pouco tempo de mercado tende a ter um custo de aquisição alto assim como as suas taxas de churn. Querer se comparar aos grandes players de mercado pode ser um estímulo, mas ao mesmo tempo uma grande autossabotagem à sua evolução na retenção de clientes. A superação sempre será o seu maior desafio.

8.8. CHECKLIST DO CAPÍTULO

- ☑ O que é churn
- ☑ Como prever o churn
- ☑ Por que clientes cancelam?
- ☑ Motivos de cancelamento e soluções de combate ao churn
- ☑ Métricas de performance e cálculo do churn
- ☑ Os números do mercado

CAPÍTULO 9
CUSTOMER MARKETING

9.1. UMA CRECHE BOA PRA CACHORRO

A felicidade é palpável, tem o focinho molhado e ainda abana o rabo para você. Se você tem, já teve ou gosta de um patudo, vai entender exatamente o que estou falando. Há alguns anos eu tive o que posso chamar de um dos maiores amores da minha vida, um cachorro, mais precisamente um Scotish Terrier chamado Boris. Para quem conhece o temperamento da raça sabe que o porte é pequeno, mas a energia é enorme, logo, por mais que ele morasse em um apartamento, precisava de mais espaço. Foi aí que conheci uma creche especializada para pets, ou melhor, "A" creche.

Em poucas palavras, o local era espaçoso com um gramado e um playground adaptado para cães, além de uma piscina para os dias quentes, sem contar as "tias" que estavam a todo momento de olho nos cachorros e, vez ou outra, brincando com eles. Ou seja, um lugar perfeito para deixar o Boris e buscar ao fim do dia.

Com a matrícula feita, dias depois começo a receber diversas notificações no celular e pasmem: era o grupo de pais da creche! Sim, todos os dias os pais recebiam as informações sobre as atividades dos "filhos", uma cobertura completa com direito a fotos, vídeos, relatórios e trocas de informações entre papais e mamães de pets sobre comportamento, alimentação e quem poderia buscar quem na creche.

Se isso foi um choque pra você, posso dizer que para mim também foi. Custei a entender que a comunicação da creche era totalmente voltada a um tom de "pais e filhos". Afinal, cachorros para os donos são eternos bebês. Foi a partir daí que percebi que a empresa não estava para brincadeira e eles haviam acertado em cheio no público-alvo.

Além do atendimento, comunicação e relacionamento, havia também um boletim. Sim, exatamente isso, nele havia pontos de comportamento por meio dos quais davam os parabéns, mas também pontos de melhoria que a própria creche ajudava a corrigir. Em um dos boletins, veio a anotação de que Boris não deixou seus "aumigos" usarem a piscina por duas vezes. Tive fotos e vídeos enviados com o mau comportamento e, assim como um pai, eu quis morrer de vergonha. "Onde foi que eu errei? Ele nem faz isso em casa!"

Acredito que, de todas as peculiaridades, a festa de Halloween da creche foi de longe a mais surpreendente para mim.

— Hiram, o Boris tem uma festa de Halloween na creche e precisa de uma fantasia
— O quê? Nem pensar! Aí já é demais! Onde já se viu festa das bruxas para cachorro?
— A fantasia mais votada vai ganhar dois meses de mensalidade grátis.
— O que estamos esperando? Precisamos de uma fantasia pra ontem!

E foi assim que, no dia da festa, o Boris foi fantasiado de vampiro. Na votação pela internet ganhou o segundo lugar. Confesso que se tivesse sido um pouco mais engajado ele teria levado esse prêmio para casa.

Histórias irreverentes à parte, o despertar de um senso de comunidade (grupo de WhatsApp entre os pais de pet), as datas comemorativas pontuais como os "Auniversários" e os touchpoints de desempenho com os boletins de comportamento são exemplos simples e de baixo orçamento, porém mostram uma verdadeira aula do que vamos falar neste capítulo.

Em tempo: nosso pequeno nos deixou um pouco antes do esperado, com nove anos e nove meses de idade, em 2023, vítima de um câncer. Ele deixou um amor enorme dentro de cada um que teve a sorte de ter vivido com ele.

Boris... Neneco... O papai vai te amar para sempre.

9.2. O QUE É CUSTOMER MARKETING

Quando estava levantando dados para escrever este livro, resolvi fazer uma enquete no LinkedIn perguntado sobre o tema. Das mais de 100 respostas, um pouco mais de 50% dos participantes não atuava com customer marketing e cerca de 12% tinham uma área especializada. Com isso resolvi trazer o tema para a nossa conversa.

Para começar, deixe-me fazer algumas perguntas: Como a sua empresa está fazendo marketing para seus clientes atuais? Ela pensa com mentalidade de médio e longo prazo quando falamos de estratégia para incentivar os clientes? Existe um foco na jornada do cliente e seus touch points? Se o marketing está com foco apenas em gerar leads e resultados comerciais querendo apenas vender mais, é hora de repensar e somar novas ações para manter seus clientes na base, engajados e gerando cada vez mais receita.

Nesse cenário é que entra o customer marketing. Ele é uma disciplina adaptada para atrair clientes existentes em oposição a novos clientes em potencial. Geralmente é realizado para comercializar produtos ou serviços adicionais para sua base de clientes estabelecida, reter clientes, aumentar a fidelidade e transformar consumidores comuns em verdadeiros advogados da marca.

Ele é estrategicamente importante, pois, na maioria das vezes, os clientes que são mais engajados tendem a gastar mais e permanecer com sua empresa por mais tempo. A chance de gerar novos negócios com clientes antigos é alta e muito rentável.

Ao contrário de vendas, a geração de "novos negócios" vai significar que os clientes existentes compram novos produtos ou serviços. Assim, os clientes atuais atualizam os produtos que eles utilizam atualmente (upsell) ou aumentam o nível do serviço que eles assinam (upgrade).

Ou, e talvez o mais importante, pode significar que os clientes estão entusiasmados o suficiente com sua empresa para evangelizar amigos e familiares sobre como sua empresa é incrível, para atrair novos clientes para você.

Clientes são ativos da empresa e precisam ter atenção com pensamento estratégico em todos os setores. Eu particularmente entendo a área de customer marketing como grande trunfo a ser explorado pelas empresas. Fazer com que as equipes de marketing e customer success não atuem juntas pensando no desenvolvimento de clientes faz com que as empresas ignorem o potencial de desenvolvimento dos clientes existentes, deixando uma receita em potencial e muito valiosa na mesa, ou mesmo pode estar deixando esse valor cair direto no cofre dos seus concorrentes.

9.3. COMO CUSTOMER MARKETING APOIA CUSTOMER SUCCESS

9.3.1. Geração de buzz

Quantas vezes você escolheu um negócio ou produto porque é muito indicado por um amigo ou familiar? As chances são pelo menos uma vez. Isso é que tratamos do famoso marketing boca a boca. Ele também é conhecido como buzz marketing, que indica a propaganda espontânea para uma empresa e para seus produtos ou serviços.

Campanhas que atuam dentro de uma base de clientes sólidas ou com um bom tempo de casa possuem maior probabilidade de compartilhar suas experiências positivas com outras pessoas, o que resulta em uma atenção mais positiva para sua empresa e seu produto. Ter um programa de referência ou de fidelidade integrado à sua estratégia de customer marketing pode ajudar muito o trabalho do customer success na retenção de clientes.

9.3.2. Maior retenção de clientes

Se um cliente sente que não está sendo ouvido ou que suas necessidades não estão sendo atendidas, uma hora ele irá virar as costas e ir embora, ou seja, na linguagem de customer success temos um belo churn. Por isso, manter a base de clientes atual engajada e feliz significa mais dinheiro no orçamento da sua empresa e meta batida no time de CS ao final do mês.

Cabe ao time de customer marketing atuar de forma que o relacionamento da marca acompanhe a comunicação alinhada a cada fase da segmentação de clientes que ela se comunica, seja por meio de e-mails na fase de onboarding ou mesmo na comunicação da marca em redes sociais anunciando melhorias na ferramenta em processos de ongoing. Com o aumento da retenção, temos por consequência a redução de cancelamento e o aumento da receita.

9.3.3. Aumento da receita

À medida que você aumenta as taxas de retenção de clientes e responde ativamente aos comentários sobre quaisquer melhorias que sua empresa ou marca deva fazer em seu produto ou serviço, é provável que você também veja um aumento na receita por cliente.

Graças ao apoio ao time de customer success, quanto mais clientes satisfeitos, maior será a receptividade no contato do atendimento, como também será maior a probabilidade de renovação e maior a probabilidade de expandir a sua conta.

9.3.4. Expansão

De acordo com a pesquisa da americana Annex Cloud, especialista em experiência do cliente, um consumidor gasta em média 67% a mais no terceiro ano como cliente do que no primeiro ano. Depois de retê-lo, é importante investir na expansão do valor vitalício de sua conta. É papel do customer marketing atribuir uma comunicação de atualizações de produtos e da introdução de novos produtos ou serviços complementares para aprimorar a experiência do cliente através do apoio do customer success.

9.3.5. Resiliência da marca

Nenhuma marca é perfeita. Em algum momento, você vai cometer algum tipo de erro que possa gerar uma gestão de crise. Quando isso acontece são grandes as chances de o problema cair diretamente no colo do time de customer success.

Por isso é preciso um trabalho forte focado em customer marketing. Se ocorrer um passo em falso ou um erro grave, é mais provável que os clientes perdoem uma empresa ou marca com a qual sentem ter uma conexão autêntica ou a quem são leais. É por isso que um programa de fidelidade ou recompensa pode percorrer um longo caminho em termos de relacionamento com o cliente.

9.4. COMO CUSTOMER SUCCESS APOIA CUSTOMER MARKETING

Um dos focos principais está na identificação de perfis defensores: os times de vendas e marketing precisam de provas testemunhais, nada mais humanizado do que pessoas falando de produtos. Imagens, vídeos, fotos e palavras de pessoas reais em situações reais apoiam os ciclos de compra, avaliações de produtos ou até mesmo as campanhas de leads. Tudo isso requer esforço por parte dos times. É aí que entra o departamento de customer success.

É ele que está todos os dias em contato com o cliente e que pode fornecer insumos maiores a marketing e vendas não só pelo fato de captar boas referências, mas por instigar o cliente a falar mais e se propor a participar com estudos de caso e entrevistas de sucesso. O time de CS faz a triagem, aborda os melhores clientes e os traz para criarem excelentes conteúdos junto ao time de customer marketing.

Mas afinal o que faz esse time? A tarefa mais frequente das equipes de customer marketing é coordenar ações de referência junto a vendas. Muitas equipes também possuem estudos de caso, mas isso geralmente é um cabo de guerra com o marketing que procura trazer essas ações para si.

Enquanto o time de marketing atua em transformar leads em clientes, a equipe de customer marketing atua em transformar clientes em advogados da marca. Esse processo tem em sua operação ações que visam nutrir a fidelidade construindo relacionamentos com os clientes. É papel do departamento fornecer recomendações personalizadas com base no histórico de compras do cliente e no comportamento de navegação para upsell, upgrade ou cross sell.

Além de todas essas atividades, cabe ainda criar ações de comunicação que fortaleçam a relação de suporte e customer success para melhorar a satisfação do cliente e impulsionar a retenção.

Há um modelo da Gainsight, umas das empresas referência mundial enquanto tratamos de customer success, que gosto muito de ter como base. Este é um modelo com tradução livre, o original se encontra na bibliografia, mas pode ser facilmente encontrado no blog da empresa.

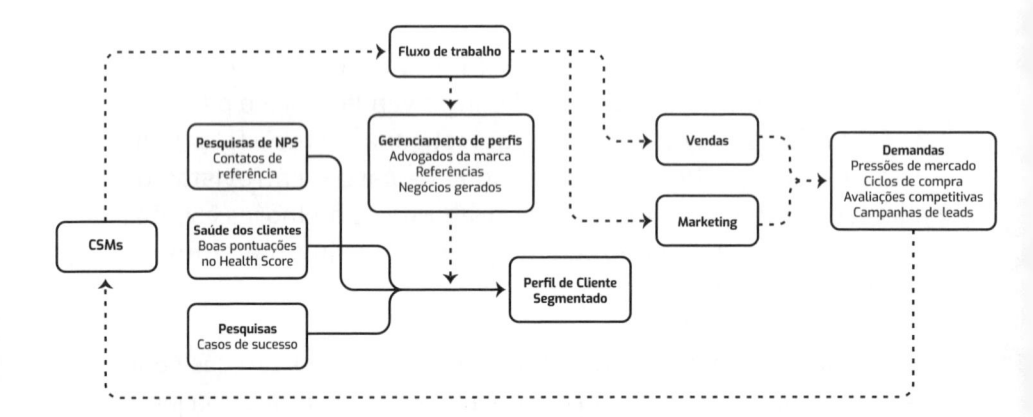

```
                              Fluxo de trabalho

        Pesquisas de NPS      Gerenciamento de perfis      Vendas           Demandas
        Contatos de           Advogados da marca                            Pressões de mercado
        referência            Referências                                   Ciclos de compra
                              Negócios gerados                              Avaliações competitivas
CSMs                                                                        Campanhas de leads
        Saúde dos clientes                                 Marketing
        Boas pontuações
        no Health Score
                                                    Perfil de Cliente
        Pesquisas                                   Segmentado
        Casos de sucesso
```

9.5. COMO CRIAR UMA ESTRATÉGIA DE CUSTOMER MARKETING

Se você tem clientes é preciso se comunicar com eles. A frase em si é um tanto quanto óbvia, mas na prática a realidade é outra. Em uma pesquisa rápida que realizei no LinkedIn durante a produção deste livro, observei que dentro da minha amostra havia cerca de 100 entrevistados quando questionei: "Sua empresa já atua com customer marketing?". Para a minha surpresa, 57% não atuavam com nada específico e apenas 19% tinham uma área tocante ao tema.

Fica muito claro que uma estratégia de customer marketing é fundamental, não importa o tamanho da operação. Dentro desse cenário, se você não tiver certeza de onde começar, vou trazer alguns passos estratégicos que podem ser feitos assim que você fechar este livro ou desconectar (se você estiver lendo via e-book). Antes de tudo, tenha sempre em mente que não importa a ação escolhida, é preciso garantir que seus clientes atuais permaneçam satisfeitos e fiquem com você ou voltem para mais.

9.5.1. Construa defensores da marca

Todos nós temos nossos clientes do coração. Aqueles com quem o atendimento flui, as calls são boas e muitas chegam a renovar as nossas energias. Eu sempre indico aos meus liderados que quando for tratar de um cliente complicado, ou mesmo tóxico, insira logo em seguida um cliente de quem gostem muito.

Esses clientes são aqueles que realmente amam seus produtos, que usam seu software todos os dias, elogiam você nas mídias sociais e até mesmo defendem dos detratores. Eles não são relevantes apenas porque estão mais dispostos a ficar mais tempo com você ou fazer um upgrade. De fato, eles são importantes porque defendem sua marca e isso valeu mais que muitos investimentos em dinheiro que eles possam fazer.

Caso você ainda tenha dúvida de como identificar seus defensores, pergunte aos seus clientes, principalmente àqueles cujo NPS está entre 9 e 10. A nota com alto índice de satisfação ajuda a separar os clientes que tendem a defender a sua marca. Feedbacks negativos devem ter a mesma atenção que os positivos, já que eles oferecem uma ótima oportunidade de aprendizado, porém não são o nosso foco nesse momento.

9.5.2. Escute as opiniões e transforme em dados

Vou começar este tópico com uma pergunta simples. O que você faz com as opiniões e experiências relacionadas à sua marca e serviços nas redes sociais?

Não basta responder às reclamações dos detratores ou dar um "like" apenas para dizer que respondeu. É preciso pegar as informações não estruturadas (como os comentários, por exemplo) e transformá-las em informações mensuráveis. Faça um monitoramento de palavras-chave, menções e comentários para analisar o que estão falando sobre você e identificar os defensores da sua marca. Levante números, gere gráficos com linhas do tempo X menções. Isso ajuda a entender o comportamento dos seus fãs e detratores da marca.

Quanto mais você interage com as pessoas e resolve seus problemas, mais aumenta o valor que você entrega a elas e maior será a possibilidade de se tornarem fãs da sua marca. Depois de usar a mídia social para construir essa confiança e lealdade com seu cliente, ele será incentivado a compartilhar boas experiências com você e, quem sabe, com quem está ao redor.

9.5.3. Cases, cases e mais cases

Acho incrível quanto conseguimos junto aos nossos clientes sair do lugar-comum com que estamos acostumados e ouvir histórias que geram insights até para quem está nos bastidores. Em um momento da minha vida, fui head de uma equipe de customer success em uma empresa que trabalhava com integrações de alta complexidade. Ela tinha como objetivo conectar sistemas, softwares e aplicativos, e automatizar dados e processos das empresas em uma única plataforma. Em outras palavras, o software gerava escalabilidade, segurança e agilidade para integrações complexas.

Buscando novos cases e conhecendo melhor os clientes, conversei com um líder de tecnologia de uma rede de lojas que me surpreendeu. Quando entrei em contato, esperava que ele me contasse que as integrações ajudaram no controle do estoque ou reduziram as perdas nos produtos ou mesmo agilizaram as trocas de produtos, mas não foi nada disso que ele me revelou.

— Hiram, eu fiz muita coisa boa com as integrações, mas o mais interessante foi que finalmente consegui reduzir com que as pessoas parassem de se demitir da filial "X".
— Como assim? Pode me explicar?
— Posso, sim. De todas as lojas do grupo, havia uma em específica em que os funcionários simplesmente não paravam. Para investigar eu integrei o sistema de ponto, cruzei os dados com a ferramenta do RH e vi que havia um perfil. A maioria era do turno da noite. Indo mais a fundo descobri que não havia ônibus na região após as 23h, com isso alugamos uma van para deixar os funcionários em casa e acabamos com o problema.

Casos de sucesso como este fora da curva são exemplos tanto para outros clientes como para equipe. Se você tem esses e outros casos que são verdadeiros sucessos, certifique-se de que seus outros clientes também saibam disso. Coloque-os em destaque. Campanhas por e-mail, vídeos nas mídias sociais e postagens no blog da empresa são alguns de muitos canais que podemos utilizar esse conteúdo com alto potencial de credibilidade.

Mas nem tudo é fácil. Uma das coisas que mais tive dificuldade enquanto a busca de cases são as empresas que fazem sucesso e não querem revelar isso ao mercado com medo da concorrência. Outras vão te contar toda a história de como sua ferramenta ou seu serviço alavancou a empresa e como ela está bem hoje graças a você, mas jamais vai revelar seus números, nem ao menos os percentuais. A tarefa não é das mais rápidas também, às vezes é preciso ter paciência e ter o cuidado na cobrança das informações para não desgastar a boa relação.

Apesar do trabalho e do investimento em tempo e dedicação, uma coisa é certa: clientes reais com histórias reais trazem a credibilidade que muitos prospects procuram, reforçam o relacionamento com outros clientes que observam junto aos outros que você dá certo e colaboram com a marca de forma extremamente positiva, até mesmo se eles têm um recurso favorito. Em resumo: cases valem, e muito, a pena.

9.5.4. Gerar avaliações online

Não conheço alguém que escolha na primeira pesquisa um serviço 3 estrelas, um produto com nota 7 ou mesmo com apenas uma referência ruim. O cliente é exigente por natureza, afinal ninguém quer comprar algo mais ou menos.

As avaliações têm muito peso não apenas para os clientes, mas para você e a sua empresa. O cliente geralmente deixa uma opinião sincera sobre sua organização e seus serviços, e o que o ele fala tem um peso decisivo em muitas novas compras, ao mesmo tempo que cria confiança e credibilidade entre sua base de novos negócios.

Não veja críticas sempre com o copo meio vazio. Tenha em mente que nenhum negócio ou produto está a salvo da temida crítica negativa. Em vez de se concentrar nisso, veja como uma oportunidade única de ter uma resposta honesta. Aproveite esse presente, mostre que você está disposto a resolver o problema de maneira eficaz e lembre-se de que nem sempre responder rápido é o melhor caminho. Feedbacks são uma excelente oportunidade de fazer alterações em seu produto ou serviço.

Observe também que nem tudo são críticas. Se você sabe que tem um cliente satisfeito, entre em contato e explore as oportunidades de sair de uma conversa com uma avaliação positiva.

9.6. CANAIS DE ATUAÇÃO COM CUSTOMER MARKETING

Nossa comunicação precisa ser massiva e assertiva. Assim como no marketing digital, nossas campanhas precisam seguir a cartilha de segmentação do público, identificação dos melhores canais com testes e mais testes, observando os resultados e aprimorando o que for preciso.

Ao contrário do marketing digital tradicional, nosso foco não é conversão de leads ou geração de novas vendas. Como falamos logo no início do capítulo, queremos reter clientes, aumentar a fidelidade e transformar consumidores comuns em verdadeiros advogados da marca.

Nesse contexto, o departamento de customer success tem em seu dia a dia uma grande quantidade de informações relevantes a serem encaminhadas ao time de customer marketing. Podem ser dados extraídos de análises de churn, insights de conversas com clientes ou mesmo relatórios de comportamento de uso da ferramenta ou pontos em destaque de serviços relevantes. Recomendo muito reuniões mensais entre os times de CS e CM para troca de informações e experiências, essa rotina mensal enriquece os dois lados e ajudam na comunicação com a base.

9.6.1. E-mails

Você provavelmente já ouviu a frase "O e-mail está morto". Eu particularmente venho escutando isso há anos e vejo o contrário. De acordo com dados da Statista, em 2022, possuímos 4,03 bilhões de pessoas em todo o mundo usando o e-mail. Os especialistas esperam que esse número aumente até 4,48 bilhões até 2024. Nenhuma plataforma se aproxima sequer do alcance potencial do e-mail. Então por que tantas pessoas são contra as campanhas de e-mail?

Sempre bato na mesma tecla. O problema não está no meio que você envia a mensagem, mas na forma e no conteúdo que você trabalha nele. Não deixamos de abrir um e-mail pelo simples fato de ser um e-mail. Nós mandamos para caixa de spam porque simplesmente não nos interessamos pelo que está escrito.

Cuidar do número de caracteres no assunto, escolher uma pessoa como remetente e trabalhar em um bom CTA (botão de chamada para uma ação como "clique aqui") são dicas básicas e há ainda milhares de informações que otimizam os disparos e fazem com que as campanhas tenham mais êxito.

Campanhas de ativação e adoção em customer success com grandes bases de clientes principalmente nos formatos product-Led growth e techt touch utilizam, e muito, as estratégias de disparos de automação. Se a ferramenta de disparo for integrada a outra que mensure engajamento por customer health score, por exemplo, podemos realizar disparos sempre que o uso ficar baixo sem a ação direta do customer success. Com uma mensagem personalizada e um assunto pertinente e otimizado no corpo de e-mail, podemos ter uma arma poderosa no apoio a retenção de clientes.

9.6.2. Mídias sociais

Com um assunto tão vasto e explorado há tantos anos, eu não pretendo me aprofundar demais no tema. Tradicionalmente pensamos nesse canal como forma de gerar tráfego, atrair novos leads e conquistar novos clientes. Porém, dentro do customer marketing, gosto de abordar alguns aspectos no pós-venda que entendo serem mais focados no cliente.

O primeiro é o apoio na construção de relacionamentos. As pessoas compartilham de tudo nas mídias sociais — preferências, desejos, sonhos, gostos pessoais, dúvidas, desconfianças e insatisfações. De acordo com cada formato, é possível ter nas plataformas canais diretos e indiretos de comunicação com seus seguidores.

Você pode interagir, coletar feedback, realizar discussões e se conectar diretamente com indivíduos. Isso permite humanizar cada vez mais as relações entre empresa e cliente. Um diálogo bem construído permite familiaridade e conexão. Algo que gosto de fazer para energizar as equipes de customer success é trazer prints de clientes elogiando o atendimento ou relatando algum momento especial junto ao time; o resultado é sempre muito positivo.

Outro fator que entendo como estratégico é a velocidade de resposta em massa. Não consigo enxergar hoje uma gestão de crise sem apoio do canal de mídias sociais. Quando algo muito grande acontece, não dá pra deixar o problema apenas na mão do time de suporte ou customer success. No momento em que o sinal vermelho de alerta é ativado, geralmente os times de atendimento já estão superlotados com uma avalanche de clientes reclamando de todos os lados. Ter apoio de canais extras ajuda e muito na comunicação do incidente e dá o apoio até o momento da resolução.

Há mais um ponto entre tantos outros que entendo como importante: o reconhecimento de marca. Já atuei em times de customer success com grandes marcas internacionais e empresas de pequeno porte ainda em crescimento do mercado e posso dizer que o lugar-comum entre os dois casos é a credibilidade. Não adianta postagens engraçadas, com bom número de curtidas e compartilhamentos, se o seu atendimento falha ou o produto não entrega. Todos precisam andar juntos e alinhados e é fato: um melhor reconhecimento da marca significa melhores resultados com todas as suas outras campanhas da empresa.

9.6.3. Blogs

Com formato simples, direto e com facilidade de publicação, o blog é uma ferramenta prática para criação de conteúdos tanto simples quanto aprofundados. Você já sabe que o conteúdo e as experiências de seus clientes podem servir como um instrumento forte para o relacionamento. Há diversas formas e estratégias para se escrever um bom post, mas aqui vou focar nosso tema principal: o relacionamento com clientes.

Quem não gosta de uma boa história? Para criar um bom conteúdo, não tenha medo de perguntar aos seus clientes. Provavelmente, eles ficarão felizes em compartilhar suas histórias. Isso é muito real quando o time de customer success já está em contato frequente. Depois de encontrar uma boa história, chega a hora de contá-la aos seus clientes. Não se esqueça de pedir autorização e depois enviar para a revisão do cliente. Parece uma dica boba, contudo é aí que observo os maiores problemas na criação dos cases.

Não só no formato de blog, mas em customer marketing de maneira geral, você precisa provar que seu conteúdo é confiável e também fornecer conteúdo que sua base de clientes entenda como relevante. Infográficos do setor, listas, entrevistas com especialistas do setor ou membros da sua empresa também são algumas formas de conteúdo interessantes para postagem.

Lembre-se: após a compra, você precisa continuar sendo referência em informação, seja para incentivar novas compras ou ser o norte sobre o tema que você atua junto ao seu cliente.

9.6.4. Webinars

Luzes, câmeras, ação e retenção! Acredito que uma das grandes forças deste canal seja o poder do tempo de engajamento. Com um bom webinar é possível segurar a audiência por muito mais tempo que em outros formatos. Além disso, o público também pode fazer perguntas e obter feedback em tempo real sobre o conteúdo.

Com os webinars é muito mais fácil dar voz ao seu público. Eles podem conversar, expressar opiniões, fazer perguntas, responder a dúvidas de outros participantes e muito mais. Quando alguém está interagindo sobre o que está sendo ensinado, eles estão mais focados e engajados por padrão.

Em ações de customer marketing, tenho observado que encontros mensais focados em treinamentos de produtos ou serviços têm levado a bons resultados. Você pode buscar insights de temas mais relevantes a partir de hashtags mais inseridas pelo suporte ou criar uma trilha de conhecimento baseado na jornada do cliente ou em fases relevantes do ano, como Natal ou outra data comercial importante. Independentemente da escolha, não tenha medo de começar com o básico sem superproduções. O mais importante é começar, aprender e só depois aprimorar com os aprendizados.

9.6.5. Podcasts

Posso garantir a você que é o meu canal favorito. De acordo com dados do Spotify, que todo ano mostra dados do seu consumo, eu tenho a média de 100 horas de podcasts ouvidas por ano. De seriados a programas humorísticos, passando por conteúdos mais densos dos mais diversos temas incluindo customer success, o formato de podcast é o que mais me segura em questão de conteúdo.

E isso não é à toa. Em uma pesquisa realizada pela Globo em parceria com o Ibope entre setembro de 2020 e fevereiro de 2021 com mais de mil entrevistados aponta resultados muito interessantes. Cerca de 44% dos entrevistados escutam programas enquanto lidam com tarefas domésticas, enquanto 38% o fazem navegando pela internet, 25% antes de dormir e 24% estudando ou trabalhando.

Ou seja, aqui temos a grande oportunidade de conversas mais profundas, temas com interações mais complexas ou que exijam um tempo maior para explicar. E temos algo nesse canal que entendo como elemento extremamente estratégico para relacionamento com o cliente e a marca. Muitas pessoas se sentem parte da conversa dos programas e, assim, se sentem menos sozinhas, mais próximas e integradas durante o tempo em que escutam o podcast — e isso é incrível.

E se a ideia é começar a fazer um podcast, pense: você quer vender um produto? Quer criar consciência sobre um tópico? Quem é o público certo? Com que frequência seu público gosta de novos episódios? Nesse sentido, o customer success pode trazer informações relevantes como clientes com boas histórias e conteúdos que sua base quer ouvir.

Conteúdos complementares ao ongoing ou fase de adoção são uma ideia que ajuda na caminhada do cliente durante a jornada. Convidar embaixadores de alto nível para participar de podcasts exclusivos para clientes é mais uma ideia para a infinidade de possibilidades que esse canal pode nos oferecer.

9.6.6. Comunidades

Experiências ficam melhores quando podem ser compartilhadas. Esse é um dos grandes potenciais das comunidades. Você pode ser capaz de fazer com que todos se sintam parte do mesmo grupo e dos mesmos objetivos.

Há muitas possibilidades de se relacionar com o cliente em comunidades. Você tem a possibilidade de abrir as portas para administrar as reclamações dos clientes, obter feedback instantâneo sobre os produtos ou serviços, transformar os clientes em fãs e monitorar influenciadores e detratores em potencial.

Ter uma comunidade significa empoderar os membros que lá estão inseridos. É observar as perguntas, promover conexões, fazer com que o cliente se sinta visto e ouvido a todo momento em que ele levantar a mão. O impacto desse movimento faz com que os membros da comunidade criem suas próprias conexões, resolvam problemas entre si, compartilhem experiências e se unam em prol de temas nichados, aumentando a sinergia entre clientes e a empresa.

A gestão da comunidade vai além do trabalho de marketing em si e abrange maior necessidade de gestão de conhecimento, novos aprendizados e ações conjuntas com suporte e customer success. Isso faz com que o produto entre em cena de maneira indireta, principalmente para receber informações sobre usabilidade e necessidades futuras para inserirem em suas operações.

O resultado não poderia ser diferente. Pesquisas apontam que empresas que atuam com comunidades sentem que os objetivos de negócio mais impactados por essa estratégia são aumento na retenção de clientes, redução nos custos de suporte e aumento nos insights de inovação, ou seja, compartilhar vale a pena.

9.7. MÉTRICAS EM CUSTOMER MARKETING

Com o foco centrado no pós-venda, KPIs como leads, MQLs, SQLs e vendas são deixados de lado, e nossas perguntas são centradas no que exatamente nossos clientes da base buscam. Afinal, o que eles querem? Precisamos entender se nossas ações de customer marketing estão dando resultados.

É aqui que o seu CRM ou sua plataforma de customer success podem entrar em ação. Ao utilizar recursos que mapeiam o comportamento do cliente ou mesmo gerem relatórios estratégicos, você pode ver informações como a jornada do cliente, se o status do lead mudou e realizar uma análise preditiva para ter uma ideia melhor de como o cliente pode agir no futuro.

Aqui há algumas métricas estratégicas que ajudam a retirar muitos insights e mapear os resultados em suas ações:

Abertura de tickets: as solicitações de atendimento nos dão informações relevantes sobre o que os clientes estão buscando, seja por questões de dúvidas da ferramenta, elogios ou reclamações no atendimento bem como incidentes ou gestão de crise. Tudo pode ser mensurado e passado para o time de customer marketing.

Número de vendas dentro da base: campanhas de customer marketing podem gerar grandes oportunidades de cross-sell e up-sell. Eventos, promoções ou mesmo estratégias de lançamentos de novos planos podem ter a métrica avaliada por novas vendas em clientes.

Dados sobre churn: ações envolvendo combate ao cancelamento ajudam no aumento das taxas de retenção. Por se tratar de taxas que podem levar meses até o cancelamento em si, vale fazer análises cohort para acompanhar as campanhas.

NPS das ações: aqui é preciso ir além das notas. Perguntas após a pesquisa são elementos muito importantes para futuras ações de customer marketing. Acompanhar e quantificar uma pontuação ao longo do tempo, unindo aos históricos de relacionamento de customer success, ajuda a criar benchmarks internos.

Ter esses dados fará com que suas ações de customer marketing pareçam mais pessoais, pois se concentram nas necessidades específicas do cliente. Com dados, a mensagem que eles estão vendo da sua marca tem mais chances de ser relevante, com maior conexão. Assim, o departamento ajuda o time de customer success no combate ao cancelamento e nas ações de renovação de contrato. Sinergia entre as duas áreas será possivelmente a maior arma para o sucesso do cliente.

9.8. CHECKLIST DO CAPÍTULO

- [x] O que é customer marketing
- [x] Como customer marketing apoia customer success
- [x] Como customer success apoia customer marketing
- [x] Customer marketing na prática
- [x] Como criar uma estratégia de customer marketing
- [x] Canais de atuação com customer marketing
- [x] Comunidades
- [x] Métricas em customer marketing

CAPÍTULO 10
PRODUCT-LED GROWTH E CS — UM CAPÍTULO À PARTE

10.1. MEU CASO DE AMOR E ÓDIO POR UMA CORUJA

A coruja é o símbolo do conhecimento. Ela consegue observar na escuridão da mesma forma como nós conseguimos enxergar na luz do aprendizado. Mas eu não estou falando disso simplesmente para filosofar. O que eu quero trazer para essa conversa é como criei uma relação emocional com uma ave virtual e seus amigos.

Assim como muitas relações de longa data, eu realmente não lembro quando a gente se conheceu. Acho que alguém me apresentou e disse que seria legal eu passar um tempo com ela e que iria gostar da convivência. Eu precisava muito voltar a estudar inglês e essa coruja seria a professora ideal. O primeiro contato foi legal, a gente se divertiu, eu de fato aprendi coisas novas, mas acabei seguindo outro rumo. Eis que 30 dias depois de ter largado os estudos, recebi um e-mail.

"Você magoou o [App]".

Eu não sei o que mais me surpreendeu, se foi a precisão na automação pelo abandono da ferramenta ou eu ter ficado muito chateado por ter magoado a coruja. Se você descobriu de que app eu estou falando, sabe muito bem como parte o coração vê-la triste. Sabe o que eu fiz? Retomei as minhas aulas, afinal eu não poderia deixar a coruja magoada. Mesmo assim, depois de duas semanas acabei abandonando o projeto de voltar aos estudos de inglês novamente.

Meses depois, me relembro da coruja e penso o quanto ela ainda estaria magoada comigo. Será que ela me perdoaria? Tenho certeza de que sim. Voltei a falar com ela, fiz um novo nivelamento de idioma, pulei diversas lições e descobri na coruja uma grande incentivadora para o meu aprendizado. No entanto, nem tudo são flores.

"Eu não quero estudar hoje, é sábado!" Não tem desculpa, lá vem ela no meu celular avisar que a lição não foi feita, e o pior, se eu não fizer, ainda serei rebaixado da divisão em que eu estou, não vou ganhar o prêmio da lição do dia e ainda posso perder a sequência de dias que estou acumulando. *Que raiva! Eu odeio essa coruja!* E lá fui eu fazer mais uma lição.

Você está indo bem! Parabéns por mais um dia! Como você arrebentou! Tenho que confessar que, por mais que tenha dias que eu queria jogar tudo para o alto, eu acabo fazendo mais uma lição. Notificação do app, e-mails, mensagens de amigos que também estão estudando, é incrível ver tantas automações orientadas a engajamento no momento certo.

Certa noite, estava com uns amigos no bar, e já era perto da meia-noite quando perguntaram por que, sem razão nenhuma, eu fui para um canto, fechei a cara e grudei no celular.

— Tô fazendo a lição de inglês do dia que eu esqueci! Coruja desgraçada.

Esse caso de amor e ódio permanece até hoje. Atualmente estou em uma sequência de quase 250 dias consecutivos no inglês. É incrível como um aplicativo focado em tech touch pode engajar mais de 500 milhões de pessoas ao redor do mundo ensinando tantos idiomas diferentes. E, de acordo com o último e-mail que recebi, a coruja também começou a fazer o próprio pão de fermentação natural, mas isso já é outro assunto.

O tech touch ainda vai dominar o mundo.

10.2. PRODUCT-LED GROWTH E CUSTOMER SUCCESS

"Este tema dá para escrever um livro!". Foi assim que falei em uma conversa quando me apresentaram a metodologia e o desafio de tocar uma área relacionada. Desde que entrei em contato com o mundo de product-led growth, eu sabia que precisava escrever um capítulo dedicado a este assunto. A demanda do mercado é enorme, e muitas das grandes empresas focadas em crescimento escalável estão aplicando essa metodologia. Foi incrível ter contato diretamente com esse tema, mas, ao mesmo tempo, assustador. Não havia nada ligando produto a customer success que eu pudesse ter acesso quando comecei. As linguagens, a cultura, os processos, tudo era praticamente novo. Para quem vem do atendimento com foco no sucesso do cliente, entrar nesse universo é fascinante e ao mesmo tempo muito desafiador.

A ideia deste capítulo é justamente trazer um pouco do que vivi e os aprendizados que levo até hoje comigo, além de conduzir os CSMs a entrar nesse contexto e ultrapassar muitas barreiras, além de aproveitar a leitura e entender um pouco mais sobre esse processo incrível que é o product-led growth.

10.3. O QUE É PRODUCT-LED GROWTH

Product-led growth, ou simplesmente PLG é, na tradução literal, o crescimento liderado pelo produto. Aqui podemos assumir que a ferramenta é que comanda. Ela é o foco de todas as atenções, pois toda a metodologia de negócios é desenhada em torno de uma mentalidade voltada para o usuário final.

As empresas que colocam o produto em primeiro lugar constroem suas estratégias de aquisição, expansão, conversão e retenção de usuários (conversamos sobre isso nos capítulos iniciais) em torno dos próprios produtos. Você pode achar que até mesmo o atendimento fica em segundo lugar, mas não é bem assim. Para entender melhor, vou mostrar como o caminho da aquisição funciona e onde CS está inserido. Observe o desenho de um processo completo de vendas até a jornada do cliente no pós-venda, onde o PLG está envolvido.

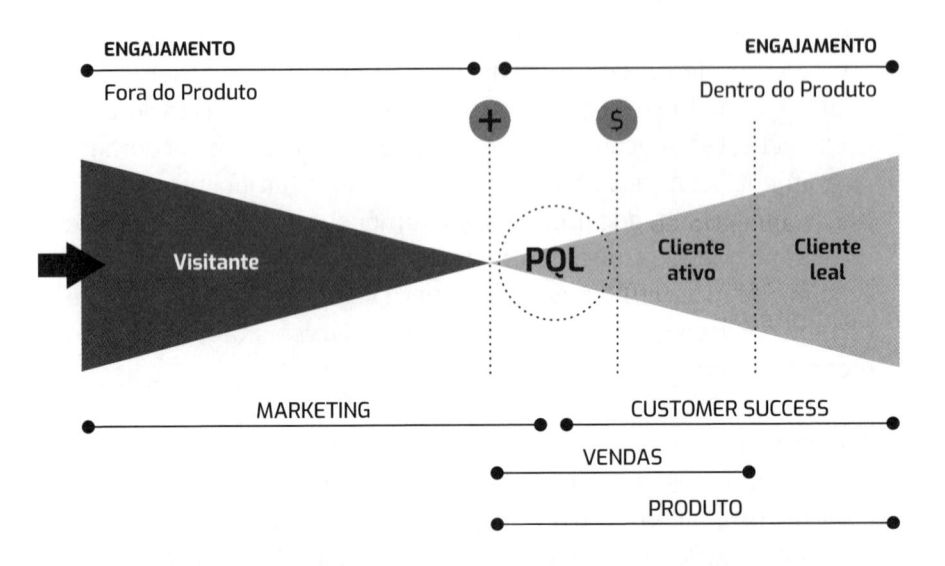

O ciclo de aquisição de clientes, atendimento e PLG.

Na parte de cima, temos a linha do tempo na qual o engajamento começa fora do produto e, mais adiante, ele segue dentro do produto. Na linha de baixo, temos todas as áreas sendo inseridas no contexto com algumas até mesmo estando dentro do mesmo processo. Confira agora como cada área atua em product-led growth.

Marketing liderado por produto: quando tratamos de PLG, as indicações, o famoso boca a boca, são grandes aliadas na aquisição. Com foco na conquista de usuários finais, o time de marketing não fica subordinado ao digital tradicional, e sim muda o foco para se dirigir à atração de novos usuários para seus produtos, com investimento e esforço na construção e manutenção de marcas, comunidades e conteúdo.

O foco principal da área, além de atrair novos visitantes, é fazer com que cada um se movimente no funil de atração para se tornar um MQL (Marketing Qualified Lead), ou seja, um lead qualificado, um cliente em potencial que atende aos critérios necessários para ser enviado adiante. A grande diferença nesse funil é que o lead não se torna um SQL (Sales Qualified Lead), mas, sim, um PQL ou Product Qualified Lead que veremos logo a seguir.

PQL ou Product Qualified Lead : nada mais é que um lead qualificado via produto. É quando uma pessoa experimenta e percebe o valor gerado ao usar a ferramenta. Isso se dá geralmente por um período de avaliação gratuita. É mais provável que um PQL compre um produto do que outros leads, pois ele já tem uma compreensão maior do produto. Esses leads vão além dos leads que apenas realizaram pesquisas, receberam promoções ou foram encaminhados para uma landing page.

O objetivo de uma estratégia de lead qualificado por produto é permitir ao cliente uma imersão na experiência do produto para que ele entenda o valor como um todo. Passado esse momento, vamos ao canal de vendas.

Vendas orientada a produto: aqui o produto precisa se vender sozinho. De forma alguma estamos tirando o papel do vendedor, contudo é essencial que haja a estratégia de autoatendimento. Muitas empresas fazem muito bem o uso combinado, havendo um primeiro contato do cliente com uma versão limitada em funcionalidades ou em tempo de uso, e só depois o time de vendas entra em cena. Isso se dá principalmente em negociações mais complexas, que envolvem custos maiores, seja de venda ou de transição entre a solução utilizada anteriormente. Os representantes de vendas orientados a produtos devem ser estratégicos, adotando uma abordagem mais consultiva na aquisição de novos clientes.

Customer success junto ao produto: quebrar paradigmas de atendimento e focar a escalabilidade sem estar em reuniões 1:1 com os clientes. O PLG tem tudo a ver com entregar valor ao usuário final, e o papel do CS é fundamental para que isso aconteça. Esta é uma grande oportunidade de ajudar os usuários a identificar novos casos de uso para seu produto e aumentar o uso nos negócios. Vamos falar com mais detalhes sobre isso daqui a pouco.

O modelo PLG não será desenvolvido simplesmente montando a ferramenta, corrigindo bugs ou mesmo criando um roadmap (plano de evolução do produto) que atenda aos principais clientes da empresa. Ele só dará certo de verdade se as soluções apresentadas estiverem baseadas em pesquisas e estudos que entendam a necessidade como um todo, resolva, de fato, seus problemas e chegue ao nível das expectativas dos usuários. Caso contrário, pode ser uma armadilha cheia de problemas para quem busca implementar. Lembre-se: em uma empresa PLG, seu produto está no centro de sua empresa e o cliente está no centro de seu produto.

Focar o cliente e o produto é importante, mas não adianta apenas afirmar esse foco em uma placa grudada na parede da empresa ou em jargões nas reuniões semanais por videochamadas. Inserir uma estratégia com uma estrutura PLG implica não apenas entender que o produto fará sua empresa crescer e escalar de maneira saudável. É preciso ir muito além. O modelo exige que você crie um alinhamento em toda a empresa e em todas as equipes em torno do produto, desde o time de Desenvolvimento, passando pelo time de vendas, marketing, até chegar a customer success. Independentemente de quem seja, das lideranças ao pessoal em estágio, todos devem trabalhar em sinergia para alcançar o crescimento liderado por produto.

10.4. COMO PRODUTO E CS SE RELACIONAM EM PLG

Deixei esse capítulo por último de propósito. Se você chegou até aqui e pretende entrar em um time de CS que trabalhe com PLG, pegue todo o seu vocabulário de atendimento, sua rotina de contato com o cliente, suas ferramentas do dia a dia e prepare-se para se adaptar a um novo mundo. Posso parecer um tanto exagerado, mas posso garantir que foi essa a minha experiência quando pisei a primeira vez em um terreno de produto.

Em PLG, assim como em qualquer outro formato de atendimento ao cliente, você terá um time com quem vai atuar, porém essa dinâmica acaba ganhando maiores proporções. O customer success manager ganha outros papéis e áreas de atuação e, juntamente com o time de produto, terá atuações de forma multidisciplinar e vai se encaixar em alguns formatos de equipes que mostrarei a seguir.

10.4.1. Squads

São equipes multidisciplinares e autônomas, que geram valor continuamente, de preferência em curto prazo. Em um squad é possível ter pessoas das mais diversas áreas como comercial, marketing, produto, CS, vendas, entre outras. A ideia é reunir as habilidades e ferramentas necessárias para projetar, desenvolver, testar e liberar evoluções em produção (à disposição dos clientes). Quando essa equipe está entrosada e em sintonia, a comunicação torna-se mais eficaz, direta e sem ruídos.

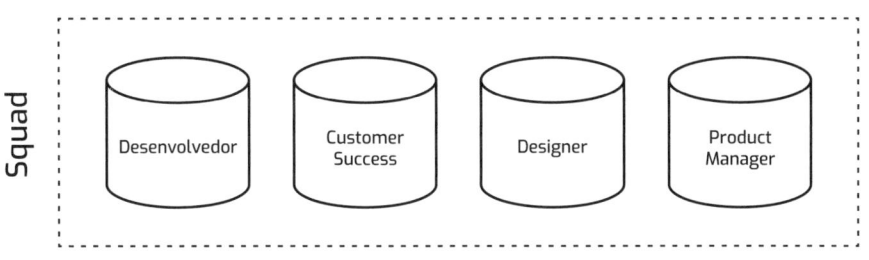

Modelos simples de um squad.

Esse é um dos cenários em que o CSM é mais atuante. Mais adiante vou me aprofundar no tema e explicar como este papel é importante principalmente no fomento de informações e pesquisas junto aos clientes.

10.4.2. Tribos

As tribos são consideradas o segundo nível de agrupamento e podem conter uma série de squads que, apesar de atuarem de forma independente, possuem funcionalidades e objetivos similares. É a forma pela qual uma organização escala o uso de squads para atender as necessidades das diversas áreas.

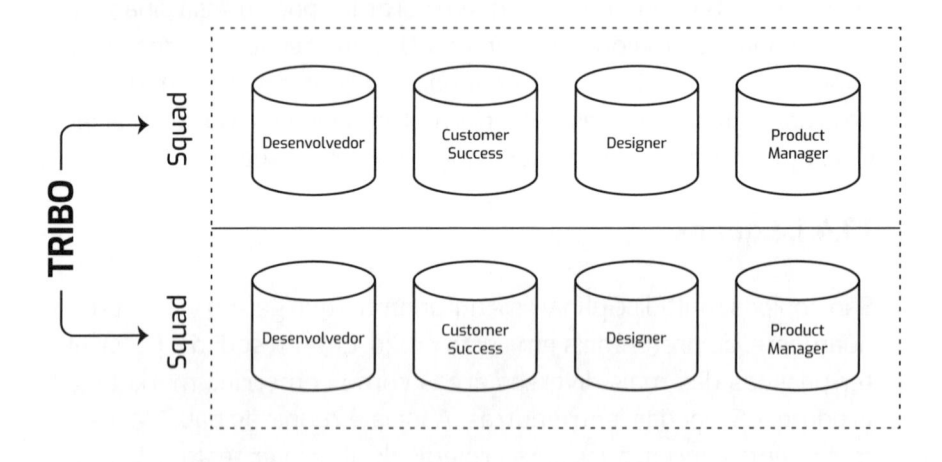

Exemplo de dois squads formando uma tribo.

É comum que mais de um CSM participe. Geralmente, nos squads que observei, quando o tema é focado em melhoria de uma funcionalidade ou grupos de funcionalidades, cada profissional de customer success vai trazer uma visão diferente que se completa ao final dos estudos e das fases dentro do projeto.

10.4.3. Chapters

São grupos transversais, agrupamentos de profissionais de uma tribo com um determinado perfil, que possuem especialização e habilidades profissionais em comum. Dessa forma, todos se mantêm atualizados e compartilham experiências sobre suas áreas de competência. São de um chapter, por exemplo, todos os analistas de qualidade, todos os desenvolvedores de software ou todos os customer success managers.

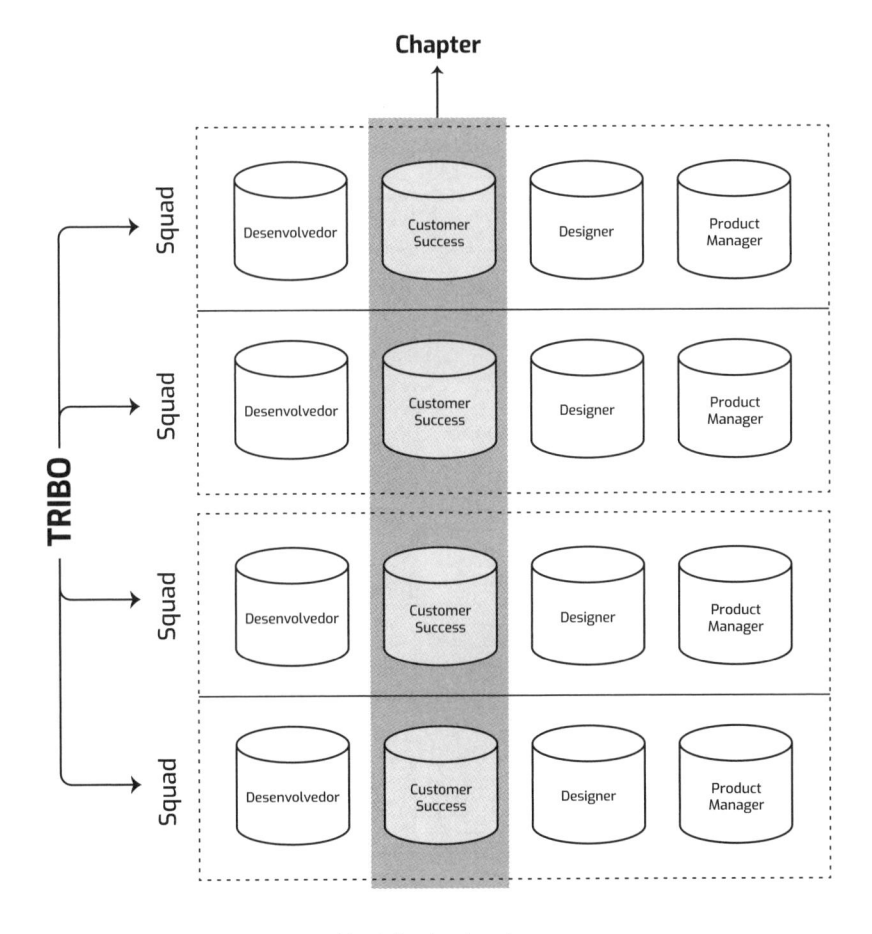

Modelo de chapter.

10.4.4. Guildas

Grupo de pessoas de diferentes tribos orientado por afinidade, a fim de compartilhar experiências, aprendizados e melhores práticas em tópicos em comum.

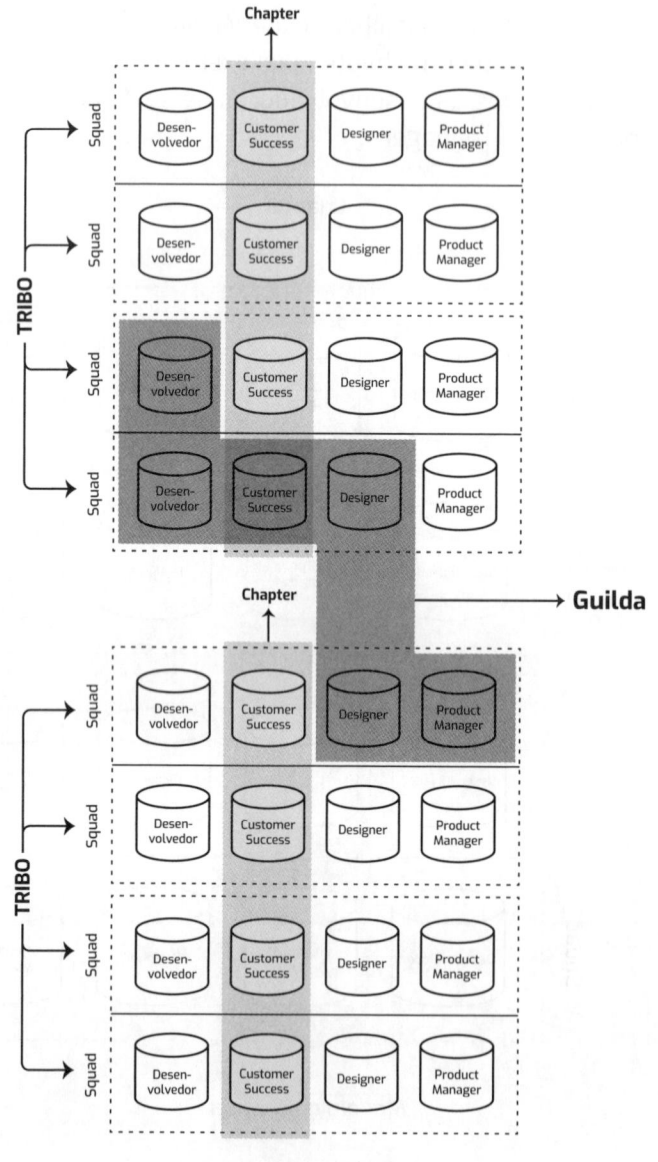

Exemplo de guilda.

De fato, vemos as ações de customer success focadas mais em seus times nos squads quando há trabalho em produtos que precisam de ações junto ao cliente. E são esses os casos mais clássicos em ações PLG que veremos logo a seguir.

10.5. ESTRATÉGIAS DE CS EM PLG

Ao se pensar em uma estratégia de PLG em customer success, precisamos antes ter um norte, um direcionamento inicial a ser seguido. Sendo assim, tenha as respostas, ou ao menos um bom indicativo delas em mãos para dar os primeiros passos.

Quem é seu cliente ideal? Mais do que achar o seu ICP (Ideal Customer Profile), é preciso entender com qual fatia de clientes você está se dirigindo. Você pode fazer essa divisão por quanto seus clientes pagam, qual o tempo de casa que eles têm ou mesmo se são heavy users da ferramenta. Criar essa fatia irá direto ao ponto de resolução e será muito mais assertivo.

O fluxo de cadastro tem todas as perguntas essenciais? O cliente chegou até a sua base, mas você tem todas as informações que precisa? Se você não tiver o básico para atuar de forma escalável e estruturada, toda sua comunicação será comprometida e os resultados provavelmente estarão muito longe do esperado.

Jornada de uso: qual o melhor caminho? A jornada do cliente está presente em todas as metodologias de customer success. A maior diferença em PLG é o fato de que estamos com foco no produto com o atendimento humanizado mas com pouco contato. Logo, cada touchpoint precisa de uma atenção especial.

Quais são os touchpoints de conversão? Para se ter a previsibilidade de onde ou para onde seu cliente vai, cada ponto de conversão precisa estar monitorado. São eles que revelam se teremos êxito em levar o cliente de um ponto ao outro.

Quantos clientes atingem a ativação sem barreiras? Se mapeamos os touchpoints, precisamos entender qual o nível de atrito que nossos clientes possuem para chegar aos próximos passos. Quanto mais "liso" for o caminho, menos será o risco de cancelamento.

Quais os motivos do churn? O que fez o seu cliente cancelar? Os argumentos usados no capítulo que falamos sobre churn podem ser trabalhados aqui. Os motivos de hoje são os aprendizados para a prevenção e o monitoramento de amanhã.

10.6. ETAPAS DE PRODUTO RELACIONADAS A CUSTOMER SUCCESS

Com as perguntas respondidas, começamos a atuar no campo de produto. O CSM não é o ator principal, mas nem por isso deixa de ser tão importante quanto todos os outros da equipe. Todas as etapas descritas têm papel fundamental na entrega do sucesso para o cliente

Problema: com o próprio nome já diz, o objetivo é identificar qual o principal problema ou gap a ser tratado. A partir do ponto focal partimos para a fase de investigação.

Discovery: é a fase que investiga informações, oportunidades e soluções que são valiosas para o público-alvo, ao mesmo tempo que são viáveis para a a empresa. É entender profundamente o problema antes de pensar em como resolvê-lo.

Planning: é como um mapa do projeto, e fornece contexto e direcionamento sobre as metas, visão e expectativas do produto.

Validação: existem alguns tipos de proposta de valor como benefícios do produto/serviço que a empresa oferece, segmentação de clientes: usuários e clientes pagantes, canais de distribuição para alcançar clientes, fonte de receitas, contudo, no nosso caso, vamos centrar o foco na proposta de valor voltada ao relacionamento com clientes para criar demanda.

Lançamento: depois que o produto tiver sido desenvolvido e validado, ele fica pronto para o lançamento. Essa é a hora que o time coloca no ar os materiais de divulgação aos clientes. Isso pode exigir testes adicionais para assegurar que o seu produto já disponível esteja funcionando como previsto durante a fase anterior de testes de front-end.

Monitoramento: chega o momento de acompanhar os resultados do trabalho e das etapas realizadas até o momento. Neste passo, são analisadas as informações coletadas e acompanhamos o desenvolvimento de todo o processo até determinado momento

Com as definições em mãos fica, agora, mais fácil entender como o customer success entra neste universo. É importante ressaltar que esta é apenas uma das inúmeras metodologias que o produto aplica para desenvolvimento de projetos.

10.7. CUSTOMER SUCCESS E PLG NA PRÁTICA

Para o entendimento ficar melhor, vamos trabalhar com um case da empresa XPTO especialista em gestão de projetos. Suas funcionalidades colaboram com o melhor controle dos processos de um negócio, ajuda a cumprir os cronogramas e colabora com o engajamento das equipes.

Durante muito tempo as coisas estavam indo de acordo com as expectativas, mas de uns meses pra cá alguns problemas começaram a aparecer e o sinal de alerta foi ligado.

A taxa de churn está acima do esperado. A maioria dos clientes está pedindo cancelamento da conta no terceiro/quarto mês da contratação. A maioria dos motivos observados são: problemas com a ferramenta (bugs), usuário não vê valor no uso ou os clientes estão migrando para outro concorrente.

Aqui já temos algumas coisas mapeadas. O KPI de churn está acima da meta estabelecida, ponto em que vamos centralizar nossas ações. É no período mais crítico em que ocorrem as solicitações de cancelamento que vamos delimitar o nosso público para estudo, ou seja, tirar uma fatia dele para aplicar as ações. Dos principais motivos, neste caso, vamos escolher apenas um para solucionar: os clientes não observam o valor no uso da ferramenta.

A seguir vamos acompanhar a tabela com as etapas relacionadas a produto e CS onde cada um tem papel estratégico para a solução do caso apresentado. Vale ressaltar que são as etapas de produto em que customer success atua. Temos outras etapas desenhadas, mas serão desconsideradas para não alongarmos o tema e irmos direto ao ponto.

NÃO OBSERVARAM VALOR NO USO			
	Problema	**Discovery**	**Monitoramento**
Customer Success	Insight por entrevista com um cliente ou resposta de formulário.	Informações e dificuldades encontradas nas rotinas dos clientes.	Acompanhamento do roadmap de produto e atuação com ideias em cada cenário.
Produto	Classificação de dores ou insights de diferenciação competitiva.	Investigação do problema junto ao cliente e levantamento de dados de mercado para comparações.	Reorganização e otimização do roadmap.
	Validação	**Lançamento**	**Monitoramento**
Customer Success	Observa os atritos e valida os pontos de engajamento dos clientes.	Cria entregas para capacitação dos clientes no momento em que ele e o projeto se encontram.	Acompanha o resultado junto aos clientes e coleta as sugestões.
Produto	Valida se a aderência dos clientes está de acordo com o projeto inicial.	Atua na capacitação interna do time.	Monitora frequência e uso das funcionalidades do projeto.

10.8. ENTREGÁVEIS DA ÁREA DE CS

Das entrevistas realizadas pelo time de CS gerando dados não estruturados, passando pelo cruzamento de informações unidas a produtos, encontramos soluções práticas, estruturadas e com entregáveis mensuráveis e com possibilidade de resolução de problemas. Mas como isso ocorre na prática? É justamente a este ponto que chegamos agora e vamos detalhar de forma ilustrada com exemplos de entregáveis logo a seguir.

NÃO OBSERVARAM VALOR NO USO			
Fase	Problema	Discovery	Monitoramento
O que customer success entrega	75% das respostas do formulário afirmam ter dificuldades pós-onboarding.	Clientes afirmaram nas entrevistas via videochamadas que as funcionalidades de relatório são as mais complicadas de serem usadas.	Fazer o acompanhamento de melhoramento da dashboard de relatórios.
Fase	Validação	Lançamento	Monitoramento
O que customer success entrega	Acompanhar clientes no uso da nova dashboard de relatórios e verificar possíveis atritos.	Novo vídeo tutorial produzido e enviado aos clientes *beta* para novas melhorias da feature de relatórios.	Acompanhar o resultado junto aos clientes e coletar as sugestões com o envio de feedback.

10.9. OS CICLOS NOS SQUADS DE CUSTOMER SUCCESS

Nas operações PLG em que atuei, os CSs que participam de squads trabalharam nos moldes da operação de produto. Vou trazer um pouco da minha experiência em relação à rotina de reuniões e ciclos de entregas.

No ciclo de vida do projeto, o início de tudo é uma reunião de planejamento, chamada de sprint planning. Em muitos casos, o time de CS vai atuar depois do que foi definido nesta etapa.

A sprint leva esse nome porque a tarefa tem por objetivo concluir algo em um determinado período de tempo — de preferência, em ritmo acelerado. Nesse método, o projeto ou é dividido em tarefas menores que devem ser cumpridas normalmente ao longo de uma, duas ou três semanas. Ainda, dentro do sprint, temos alguns momentos importantes:

Reuniões diárias: realizadas durante a execução, com tempo máximo de 15 minutos. Servem para fazer uma revisão do que foi feito no dia anterior, comunicar o que será feito em um novo período de trabalho e dizer se há algum impedimento.

Reuniões de time: são realizadas uma vez por semana. Nesse momento o CS apresenta os resultados do seu squad e recebe informações de outros projetos. Assim, todos os participantes do time de CS observam a conjuntura geral de todos os squads e podem trocar ideias sobre melhorias e demais assuntos.

Reuniões de revisão e retrospectiva: são realizadas após a finalização do sprint. O squad se reúne a fim de levantar as dificuldades enfrentadas ao longo daquele período e planejar como reduzir as barreiras no próximo sprint.

De maneira geral, todas essas atividades são representadas em ciclos que levam em torno de 60 dias. Dentro desse período o maior desafio de CS é conciliar as atividades do dia a dia com os sprints. Se as atividades forem respeitadas dentro do seu tempo, os prazos estabelecidos de forma construtiva, os resultados de CS em PLG forem atendimentos escaláveis, os produtos serão cada vez melhores e os clientes, ainda mais satisfeitos e felizes.

10.10. CHECKLIST DO CAPÍTULO

- ☑ Product-led growth e customer success
- ☑ O que é product-led growth
- ☑ Como funciona produto e CS em PLG
- ☑ Estratégias de CS em PLG
- ☑ Etapas de produto relacionadas a customer success
- ☑ Customer success e PLG na prática
- ☑ Entregáveis da área de CS
- ☑ Os ciclos nos squads de customer success

BIBLIOGRAFIA

10 COMMON REASONS CUSTOMERS Churn – AND WHAT TO DO ABOUT IT Client Success. 2021. Disponível em: https://www.clientsuccess.com/blog/10-common--reasons-customers-Churn-and-what-to-do-about-it/. Acesso em: 22 dez. 2022.

3 Steps to Creating a Renewal Process and Retention in Your Customer Base.

4 IMPORTANT POST IMPLEMENTATION CUSTOMER SUCCESS MILESTONES. Client Success, 2016. Disponível em: https://www.clientsuccess.com/blog/4-important-post-implementation-customer-success-milestones/ Acesso em: 21 jan. 2023.

6 SUPPORT CHANNELS TO IMPROVE YOUR CUSTOMER SERVICE. AppDirect, 2020. Disponível em: https://www.appdirect.com/blog/6-support-channels-to-improve--your-customer-service. Acesso em: 24 mar. 2023.

7 ESSENTIAL CUSTOMER SUCCESS KPIS TO TRACK IN SAAS. User Pilot, 2022. Disponível em: https://userpilot.com/blog/essential-customer-success-kpis Acesso em: 12 jun. 2022.

7 ESSENTIAL CUSTOMER SUCCESS KPIS TO TRACK IN SAAS. USER PILOT, 2022. Disponível em: https://userpilot.com/blog/essential-customer-success-kpis/#. Acesso em: 22 nov. 2022.

7 PRINCIPAIS MÉTRICAS DE SUPORTE DE TI QUE VOCÊ DEVE ACOMPANHAR. Iamit, 2021. Disponível em: https://www.iamit.com.br/blog/artigos/principais-metricas--de-suporte-de-ti/. Acesso em: 28 mar. 2023.

8 ETAPAS DO PROCESSO DE VENDAS: O SEGREDO PARA ORGANIZAR A ROTINA E VENDER MAIS! Iev. 2022. Disponível em: https://iev.com.br/conteudo/gestao-empresarial/processo-de-vendas/. Acesso em: 29 nov. 2022.

ALGOEDT, Nicolas. What is Customer Lifetime Value (CLV) and why does it matter. User Insider, 2020. Disponível em: https://useinsider.com/what-is-customer-lifetime-value-clv-and-why-does-it-matter/ Acesso em: 18 jan. 2023.

ARCHIT. How to Calculate CES (Customer Effort Score)?. Zonka, 2023. Disponível em: https://www.zonkafeedback.com/blog/how-to-calculate-customer-effort-score. Acesso em: 18 jan. 2023.

BAFNA, Sachi. Knowledge Base vs. FAQs – Why you should switch. Happy Fox, 2023. Disponível em: https://blog.happyfox.com/faqs-vs-knowledge-base-why--you-should-switch/ Acesso em: 24 nov. 2022.

BARTLETT, Blake. What is product-led growth (PLG)?. Openviewpartners, 2022. Disponível em: https://openviewpartners.com/product-led-growth/. Acesso em: 16 ago. 2022

BECKER, Nick. Podcast Topics: The Simple Guide to Finding Captivating Topics in 2023. Peer 2 Peer, 2023. Disponível em: https://peertopeermarketing.co/podcast-topics/ Acesso em: 20 jan. 2023.

BIRKET, Alex. Customer Effort Score (CES): What It Is & How to Measure It. Hubspot, 2023. Disponível em: https://blog.hubspot.com/service/customer-effort-score. Acesso em: 18 jan. 2023.

BISHOP, Court. What is customer satisfaction score? (+ how to measure CSAT). Zendesk, 2022. Disponível em: https://www.zendesk.com.br/blog/customer-satisfaction-score/. Acesso em: 18 jan. 2023.

BRICKER, JT. Customer Marketing Framework: A Blueprint for Success. Shift Paradigm, 2023. Disponível em: https://www.shiftparadigm.com/insights/customer-marketing-framework-a-blueprint-for-success-2/. Acesso em: 26 mar. 2023.

BYFORD, Emily. Creating a Customer Success Journey Map in 6 Steps. Help Scout, 2023.Disponível em: https://www.helpscout.com/blog/customer-success-journey/. Acesso em: 14 jan. 2023.

BYFORD, Emily. Customer Onboarding: Steps, Examples, and Best Practices. Help Scout,2022. Disponível em: https://www.helpscout.com/blog/customer-onboarding/. Acesso em: 20 nov. 2022.

ÇAKIRCA, Suay. Disponível em: https://userguiding.com/blog/wow-moment/. Acesso em: 20 nov. 2022.

ÇALCALI, Suzan. 16 Métricas e KPIs de Sucesso do Cliente para Monitorar em 2022. User Guiding, 2022. Disponível em: https://userguiding.com/pt-br/blog/metricas-de-sucesso-do-cliente/. Acesso em: 21 nov. 2022.

CALCALI, Suzan. The Role Of User Onboarding In Customer Success Custify, 2021. Disponível em: https://www.custify.com/user-onboarding-customer-success#. Acesso em: 20 nov. 2022.

CALVELLO, Mara. How to Implement an Impressive Customer Marketing Strategy Today. G2, 2020. Disponível em: https://www.g2.com/articles/customer-marketing. Acesso em: 22 ago 2022.

CASTRO, Ingrah. Funil de Vendas X Funil de Marketing. Intermidias, 2022.

CECI, L. Number of e-mail users worldwide from 2017 to 2025. Satista, 2022. Disponível em: https://www.statista.com/statistics/255080/number-of-e-mail-users-worldwide/. Acesso em: 29 ago. 2022.

CHAMBERS, Sarah. The Top 5 Customer Onboarding Metrics to Prioritize in 2022. Hubspot, 2022. Disponível em: https://blog.hubspot.com/service/customer-onboarding-metrics Acesso em: 21 nov. 2022.

CHAMBERS, Sarah.The Definitive 2021 Guide to Customer Effort Score. Nice Reply, 2021. Disponível em: https://www.nicereply.com/blog/customer-effort-score-guide/ Acesso em: 18 jan. 2023.

CHAPA, Angela. What is a Sales Funnel, Examples and How to Create One. Crazyegg, 2021 Disponível em: https://www.crazyegg.com/blog/sales-funnel/. Acesso em: 16 nov. 2022.

CHAPMAN, Lawrence. What is customer marketing? PMA, 2022. Disponível em: https://www.productmarketingalliance.com/what-is-customer-marketing/. Acesso em: 19 ago. 2022.

CHAPTER LEADS NUM MODELO AGILE – QUEM SÃO E COMO SE ENQUADRAM? Qibit, 2020. Disponível em: https://pt.qibit.tech/chapter-leads-num-modelo-agile-quem-sao-e-como-se-enquadram/. Acesso em: 17 ago. 2022 .

CHRISTIAN, Katie. Customer Success Webinar: Customer Success for Product-Led Growth. Youtube, 2020. Disponível em: https://www.youtube.com/watch?v=phG-341nlz7Y Acesso em: 16 ago. 2022.

CONHEÇA AS PRINCIPAIS OBJEÇÕES DE VENDAS. Sebrae, 2023. Disponível em: https://sebrae.com.br/sites/PortalSebrae/artigos/conheca-as-principais-objecoes-de-vendas,2ca1437725ac5810VgnVCM1000001b00320aRCRD. Acesso em: 21 jan. 2023.

CONTRIBUTOR, TechTarget. Product-qualified lead (PQL). Techtarget, 20223. Disponível em: https://www.techtarget.com/searchcustomerexperience/definition/Product-Qualified-Lead-PQL. Acesso em: 17 ago. 2022.

CORNELL, Jared. What is SaaS Customer Support? ProProfs, 2023. Disponível em: https://www.proprofsdesk.com/blog/saas-customer-support/ Acesso em: 18 março de 2023

COURSERA. What Is a Service Level Agreement (SLA)? And How To Write One. Coursera. 2022 Disponível em: https://www.coursera.org/articles/sla. Acesso em: 29 nov. 2022.

COURTNELL, Jane. 8 Actionable Ways to Make Your Customer's Success Milestones Product-Oriented. Process, 2021. Disponível em: https://www.process.st/customer-success-milestones/. Acesso em: 18 jan. 2023.

CRUZ, Lucas.12 Perguntas-chave para definir sua persona. expertdigital, 2022. Disponível em: https://expertdigital.net/12-perguntas-chave-para-definir-sua-persona/#gsc.tab=0. Acesso em: 4 nov. 2022.

CUSTOMER JOURNEY. Mailchimp, 2022. Disponível em: https://mailchimp.com/marketing-glossary/customer-journey/. Acesso em: 20 out. 2022.

CUSTOMER ONBOARDING METRICS YOU NEED TO KNOW. North Pass, 2022. Disponível em: https://www.northpass.com/customer-onboarding-metrics. Acesso em: 20 nov. 2022.

CUSTOMER SUCCESS JOURNEY MAP: HOW TO BUILD ONE AND DRIVE SUCCESS IN SAAS. User Pilot,2022. Disponível em: https://userpilot.com/blog/customer-success-journey-map/. Acesso em: 18 jan. 2023.

CUSTOMER SUCCESS MODELS: HIGH TOUCH, LOW TOUCH, TECH TOUCH, AND COMMUNITY TOUCH. Bow Now, 2023 . Disponível em: https://bow-now.com/media/column/customer-success-models. Acesso em: 18 jan. 2023.

DEMERÉ, Nichole Elizabeth. Product Managers: In Moment, 2023 Why You Should Include Customer Success Milestones In Your User Flows. Disponível em: https://inmoment.com/blog/product-managers-why-you-should-include-customer-success-milestones-in-your-user-flows/. Acesso em: 18 jan. 2023.

DIGITAIS, Resultados. Funil de vendas: o que é, para que serve, como montar um e quais insights ele oferece. 2021. Disponível em: https://resultadosdigitais.com.br/vendas/o-que-funil-de-vendas/. Acesso em: 16 nov. 2022.

DUNN, Jasper. Disponível em: Organizing Your Support System with a Knowledge Base or FAQ. Knowledge Base, 2022. https://www.knowledgebase.com/blog/knowledge-base-or-faq/ Acessado em: 18 março de 2023

DUÒ, Matteo. Mais de 20 Estatísticas de E-mail Marketing Obrigatório (Use Dados Para Impulsionar Suas Campanhas de E-mail). Kinsta, 2022. Disponível em: https://kinsta.com/pt/blog/estatisticas-email-marketing/. Acesso em: 29 set. 2022.

EMAIL, Emma. How to build a successful customer marketing program. My Emma, 2022. Disponível em: https://myemma.com/blog/how-to-build-a-successful-customer-marketing-program/. Acesso em: 22 ago. 2022.

EMERIC. The Five Elements of a Perfect SaaS Support System. KISSmetrics, 2015. Disponível em: https://neilpatel.com/blog/perfect-saas-support-system/. Acesso em: 22 ago. 2022.

ERDEM, Serhat. As 5 Melhores Métricas & KPIs de Onboarding para Garantir o Sucesso do seu Produto. User Guiding, 2022. Disponível em: https://userguiding.com/pt-br/blog/metricas-amp-kpis-de-onboarding-de-usuarios/ Acesso em: 21 nov. 2022.

ERDEM, Serhat. The Definitive Guide to Product-led Growth: From Beginner to Master. Userguiding, 2022. Disponível em: https://userguiding.com/blog/product-led-growth/. Acesso em: 16 ago. 2022

EXTRAKT, Lucia. Por que o inbound marketing é necessário em cada fase do funil de vendas. Hubspot. 2022. Disponível em: https://br.hubspot.com/blog/sales/inbound-marketing-e-necessario-cada-fase-funil-de-vendas. Acesso em: 29 nov. 2022.

FALLER, Patrick. Putting Personas to Work in UX Design: What They Are and Why They're Important, Adobe, 2019. Disponível em: https://xd.adobe.com/ideas/process/user-research/putting-personas-to-work-in-ux-design/. Acesso em: 1 nov. 2022.

FRANKENFIELD, Jake. Churn Rate: What It Means, Examples, and Calculations. Investopedia, 2022. Disponível em: https://www.investopedia.com/terms/c/Churnrate.asp. Acesso em: 14 out. 2022.

FUCHS, Jay. The 5 Key Components of a Killer Customer Marketing Strategy. Hubspot, 2020. Disponível em: https://blog.hubspot.com/marketing/customer-marketing#:~:text=Customer%20marketing%20is%20any%20kind,and%20turn%20customers%20into%20evangelists. Acesso em: 19 ago. 2022.

FUNIL DE VENDAS NO MARKETING DIGITAL: COMO CRIAR E QUAIS BENEFÍCIOS? Take. 2022. Disponível em: https://www.take.net/blog/marketing/funil-de-vendas-marketing-digital/. Acesso em: 29 nov. 2022.

GOMES, Gustavo. O que é CSAT? + Como funciona, como calcular e exemplos. Agendor. Disponível em: https://www.agendor.com.br/blog/csat/. Acesso em: 18 jan. 2023.

GREENE, Jessica. Quick Start Guide to Creating a Knowledge Base in 6 Steps. Help Scout, 2022 Disponível em: https://www.helpscout.com/blog/creating-a-knowledge-base/. Acesso em: 18 mar. 2023.

GRENIER, Louis. How to create a simple, accurate user persona in 4 steps without leaving your desk (template + example) hotjar,2022.Disponível em: https://www.hotjar.com/blog/user-personas/. Acesso em: 1 nov. 2022.

GUIA DE VOZ: O QUE É E COMO FAZER? Ponto Design, 2022. Disponível em: https://www.pontodesign.com.br/guia-de-tom-de-voz/. Acessado em: 28 mar. 2023.

GUITARRARA, Paloma. Tsunami. Brasil Escola. Disponível em: https://brasilescola.uol.com.br/geografia/tsunami.htm. Acesso em: 29 out. 2022

HAMMER, Abby. Customer-centric success milestones, how your CAC can determine your company's fate, why customer feedback is everything. Churn Zero, 2017. Disponível em: https://churnzero.com/blog/customer-centric-success-milestones--how-your-cac-can-determine-your-companys-fate-why-customer-feedback-is-everything/. Acesso em: 21 jan. 2023.

HELP DESK: QUAL A DIFERENÇA ENTRE SUPORTE TÉCNICO N1, N2 E N3?. Internacional TI, 2022. Disponível em: https://www.internationalit.com/post/help-desk-qual-a-diferen%C3%A7a-entre-suporte-t%C3%A9cnico-n1-n2-e-n3. Acesso em: 23 nov. 2022.

HOGAN, Steve. What is the Customer Journey and Why Do You Need to Create One? Crazyegg, 2021. Disponível em: https://www.crazyegg.com/blog/customer-journey/ Acesso em: 20 out. 2022.

HOW TO CALCULATE A CUSTOMER SATISFACTION SCORE (CSAT). Call Center Helper, 2020. Disponível em: https://www.callcentrehelper.com/how-to-calculate-customer--satisfaction-csat-109557.htm. Acesso em: 18 jan. 2023.

HOW TO GENERATE MORE REVENUE WITH CUSTOMER EXPANSION STRATEGIES. User Pilot, 2021. Disponível em: https://userpilot.com/blog/how-to-generate-revenue-with-customer-expansion-strategies/. Acesso em: 21 jan. 2023.

HOW TO PRIORITIZE CUSTOMER REQUESTS. Gladly .Disponível em: https://www.gladly.com/blog/how-to-prioritize-customer-requests/. Acesso em: 24 nov. 2022.

HOW TO USE THE CUSTOMER EFFORT SCORE. Survey Monkey, Disponível em: https://www.surveymonkey.com/mp/how-to-use-customer-effort-score/ Acesso em: 18 jan. 2023.

HUEFFNER, Erin. 11 help desk best practices for better internal support. Zendesk, 2023. Disponível em: https://www.zendesk.com.br/blog/5-tips-for-setting-expectations-around-in-house-help-desks/ Acesso em: 20 nov. 2022.

HUEFFNER, Erin.11 help desk best practices for better internal support. Zendesk, 2023. Disponível em: https://www.zendesk.com.br/blog/5-tips-for-setting-expectations-around-in-house-help-desks/. Acesso em: 22 mar. 2023.

ICP X PERSONA: ENTENDA AS PARTICULARIDADES DE CADA UM. agenciadommarketing 2019. Disponível em: https://agenciadommarketing.digital/icp-persona/. Acesso em: 4 nov. 2022.

INABO Stella. A comprehensive guide to customer service SLAs (+ 3 free templates). Zendesk. 2022. Disponível em: https://www.zendesk.com.br/blog/keeping-word-support-sla/#:~:text=What%20is%20an%20SLA%3F,part%20of%20a%20larger%20contract. Acesso em: 29 nov. 2022.

INTRO TO SAAS CUSTOMER CHURN. Maxio, 2022. Disponível em: https://saasoptics.com/saaspedia/what-is-Churn/. Acesso em: 14 out. 2022.

IVORY, Declan. Defining customer support in 2023: Why it's key to your long-term success. Intercom. Disponível em: https://www.intercom.com/blog/defining-customer-support/. Acesso em: 4 set. 2023.

JONES, Lawrie. Best ways to follow up with customers with 6 samples & template. Flow Write, 2022. Disponível em: https://www.flowrite.com/blog/customer-follow-up Acesso em: 18 jan. 2023.

JUNIOR, Ademir Vicente Machado. Suporte N1, N2 e N3: 6 dicas para escalar do jeito certo. TI Flux, 2022. Disponível em: https://tiflux.com/blog/dicas-para-escalonar-servicos-de-ti/. Acesso em: 22 nov. 2022.

JUSTO, Andreia da Silva. Ongoing: aprenda a engajar clientes em 6 passos. Twygoead. 2021. Disponível em: https://www.twygoead.com/site/blog/ongoing/. Acesso em: 10 out. 2022.

KELLOGG, Dave. Important Subtleties in Calculating Quarterly, Annual, and ATR-based Churn Rates. Kell Blog, 2018. Disponível em: https://kellblog.com/2018/06/27/important-subtleties-in-calculating-quarterly-annual-and-atr-based-churn-rates/. Acesso em: 21 dez. 2022.

KHAN, Sania. 7 Best Practices to Create a Perfect FAQ Page. Mail Munch. Disponível em: https://www.mailmunch.com/blog/faq-page-best-practices. Acesso em: 28 mar. 2023.

KUMAR, Swagata. 8 Best Practices For Effective Customer Onboarding. Customer Success Box. Disponível em: https://customersuccessbox.com/blog/8-best-practices-for-effective-customer-onboarding/. Acesso em: 20 nov. 2022.

LAW, Rian. SaaS churn rates: how high is too high? A meta-analysis of 6 studies. CoBloom, 2023. Disponível em: https://www.cobloom.com/blog/churn-rate-how-high-is-too-high. Acesso em: 21 dez. 2022.

LEFEUVRE, Zoë. 3 Steps to Creating a Renewal Process and Retention in Your Customer Base. Gainsigth, 2020. Disponível em: https://www.gainsight.com/blog/3-steps-to-creating-a-renewal-process-and-retention-in-your-customer-base/. Acesso em: 6 jun. 2022.

MACALUSO, Megan. Approaching Renewals from the Customer Success Angle. Esg, 2019. Disponível em: https://esgsuccess.com/approaching-renewals-from-the-customer-success-angle/. Acesso em: 21 jan. 2023.

MACDONALD, Steven. The power of customer marketing (with 3 proven growth strategies). Super Office, 2021. Disponível em: https://www.superoffice.com/blog/customer-marketing/ Acesso em: 26 ago. 2022.

MARKETING-QUALIFIED LEAD (MQL). Gartner, 2022. Disponível em: https://www.gartner.com/en/sales/glossary/marketing-qualified-lead-mql-#. Acesso em: 17 ago. 2022.

MARKIDAN, Len. What Are the Most Effective Channels for Customer Support? Disponível em: https://www.groovehq.com/blog/customer-service-channels. Acesso em: 22 mar. 2023.

MASTERING TONE OF VOICE IN CUSTOMER SERVICE: A HOW-TO GUIDE. Ring Central 2022, Disponível em: https://www.ringcentral.com/us/en/blog/customer-service-voice/. Acesso em: 28 mar. 2022.

MELLO, Francisco Homem de. Modelo Spotify: como a empresa organiza seus times de produto. Qulture, 2018. Disponível em: https://www.qulture.rocks/blog/como-a-spotify-organiza-seus-times-de-produto#tribo. Acesso em: 16 ago. 2022.

MENDES, Isabela. O que é persona. surfedigital, 2022. Disponível em: https://www.surfedigital.io/blog/o-que-e-persona. Acesso em: 4 nov. 2022.

MICHAELI-ROIMI, Sivan. Customer Success KPIs: What You Have to Track in 2023 Staircase, 2022. Disponível em: https://staircase.ai/learn/customer-success-kpi/. Acesso em: 12 jun. 2022.

MICHAELI-ROIMI, Sivan. Track these 7 customer success KPIs to maximize value for your customers. Staircase, 2022. Disponível em: https://www.paddle.com/resources/customer-success-kpi. Acesso em: 10 jun. 2022.

MIJARES, Lou Venice. Meeting Best Practices for Customer Success Managers. Practical CSM. Disponível em: https://practicalcsm.com/meeting-best-practices-for-customer-success-managers/. Acesso em: 21 nov. 2022.

MILLER, Grace. 21 Surprising Customer Retention Statistics for 2021. Annex Cloud, 2021. Disponível em: https://www.annexcloud.com/blog/21-surprising-customer-retention-statistics-2021/. Acesso em: 26 ago. 2022.

MILLES, Tony.Things You Need to Know About Webinars. Chron, 2019. Disponível em: https://smallbusiness.chron.com/things-need-webinars-33655.html. Acesso em: 20 set. 2022.

MOORE, Kaleigh. 13 customer onboarding metrics you should track in 2023. Touchpoint, 2023. Disponível em: https://www.touchpoint.com/blog/customer-onboarding-metrics/ Acesso em: 21 nov. 2022.

MUST-HAVE TIPS FOR A SUCCESSFUL QUARTERLY BUSINESS REVIEW. LinkedIn, 2023. Disponível em: https://www.linkedin.com/feed/update/urn:li:activity:7022233839393492992/. Acesso em: 18 jan. 2023.

NI, Daniel. SaaS Churn Benchmarks & Metrics: What is a Good Churn Rate? Message, 2021. Disponível em: https://messaged.com/saaS-Churn-benchmarks-metrics#. Acesso em: 21 dez. 2022.

NITHYAKUMAR, Keerthana. What is Monthly Recurring Revenue (MRR)? | How to calculate it? Zoho. Disponível em: https://www.zoho.com/subscriptions/guides/what-is-monthly-recurring-revenue.htm. Acesso em: 21 jan. 2023.

OKUMURA, Fernando, Logo Churn e Revenue Churn: Qual é a diferença e como usar essas 2 métricas em empresas de SaaS?. Agile MS, 2019. Disponível em: https://www.agilems.com/logo-churn-e-revenue-churn-qual-e-a-diferenca-e-como-usar-essas-2-metricas-em-empresas-de-saas/. Acesso em: 21 dez. 2022.

ONBOARDING KPIS FOR SAAS: how to measure and improve customer onboarding effectiveness? User Pilot, 2022. Disponível em: https://userpilot.com/blog/saas-onboarding-kpis/ Acesso em: 20 nov. 2022.

PAIVA, Samuel. Estrutura ágil: O que são as Tribos, Guildas, Alianças e Squads? Dtidigital, 2021. Disponível em: https://www.dtidigital.com.br/blog/estrutura-agil-tribos-guildas/#O-que-saoSquads. Acesso em: 16 ago. 2022

PATTERSON, Mathew. The Ultimate Guide to Knowledge Base Management. Help Scout, 2023. Disponível em: https://www.helpscout.com/playlists/knowledge-base/ Acesso em: 18 mar. 2023.

PAUL, Lauren Gibbons, et all. What is an SLA? Best practices for service-level agreements. Cio. 2017. Disponível em: https://www.cio.com/article/274740/outsourcing-sla-definitions-and-solutions.html. Acesso em: 29 nov. 2022.

PERRICONE, Christina. The Ultimate Guide to Customer Onboarding. Hubspot, 2023. Disponível em: https://blog.hubspot.com/service/customer-onboarding. Acesso em: 20 nov. 2022.

PERSONA. Productplan, 2022. Disponível em: https://www.productplan.com/glossary/persona/. Acesso em: 1 nov. 2022.

PERZYNSKA, Kasia. NPS Calculation: How to Calculate the Net Promoter Score (NPS). Survicate, 2023. Disponível em: https://survicate.com/blog/how-to-calculate-nps/. Acesso em: 29 mar. 2023

PESQUISA de satisfação do cliente: saiba o que considerar ao criar a sua. Zendesk, 2022. Disponível em: https://www.zendesk.com.br/blog/pesquisa-satisfacao-cliente/. Acesso em: 29 mar. 2023

PRODUCT DISCOVERY: o que é, importância e como fazer. PM3, 2022. Disponível em: https://www.cursospm3.com.br/blog/product-discovery-guia/. Acesso em: 17 ago. 2022.

QUAL É A DIFERENÇA ENTRE O FUNIL DE MARKETING E O FUNIL DE VENDAS? DNA de vendas, 2022. Disponível em: https://www.dnadevendas.com.br/blog/funil-de-marketing-e-funil-de-vendas/. Acesso em: 29 nov. 2022.

QUEZADO, Marilia Araujo. Doing customer portfolio management & analysis the right way. Disponível em: https://pipz.com/blog/customer-portfolio-management/ Acesso em: 21 jan. 2023.

RAEBURN, Alicia. Processo de desenvolvimento de produtos: os 6 estágios (com exemplos). Asana, 2022. Disponível em: https://asana.com/pt/resources/product-development-process. Acesso em: 18 ago. 2022.

RIBEIRO, André Eduardo Amaral. Objeções de Vendas: O Que São e Como Contorná-las (15 Exemplos). Neil Patel. Disponível em: https://neilpatel.com/br/blog/objecoes-de-vendas/ Acesso em: 15 jan. 2023.

ROBBINS, Tony. The Ultimate guide to Customer Onboarding. Customer Success Box, 2022. Disponível em: https://customersuccessbox.com/guides/the-ultimate-guide-to-customer-onboarding. Acesso em: 22 nov. 2022.

ROBINS, Will. Why Customer Success Should Own Customer Marketing. Gainsight, 2017. Disponível em: https://www.gainsight.com/blog/customer-success-customer-marketing/. Acesso em: 22 ago 2022.

ROSEN, Brad. Customer Success vs. Customer Support: 5 Key Differences. Sales Assembly, 2021. Disponível em: https://www.salesassembly.com/blog/playbooks/customer-success-vs-customer-support-5-key-differences/. Acesso em: 22 nov. 2022

SAAS CUSTOMER SUPPORT BEST PRACTICES. Zendesk, 2023. Disponível em: https://www.zendesk.com.br/service/ticketing-system/saas-customer-support-best-practices/ Acesso em: 22 mar. 2023.

SAAS METRICS 101: LTV – LIFETIME VALUE. User Pilot, 2021. Disponível em: https://userpilot.com/blog/saas-metrics-101-ltv-lifetime-value/. Acesso em: 18 jan. 2023.

SANTOS, Lorrana. Funil de Marketing X Funil de Vendas: TUDO que você precisa saber! Nectarcrm. 2019. Disponível em: https://blog.nectarcrm.com.br/funil-de-marketing-funil-de-vendas/. Acesso em: 29 nov. 2022.

SCHEMES, Taynara. Você sabe o que é suporte n1, n2, n3? Entenda tudo sobre esse processo ágil, eficiente e econômico. Movidesk, 2021. Disponível em: https://conteudo.movidesk.com/suporte-n1/. Acesso em: 23 nov. 2022.

SHAHRIYAR, Nishat. 9 Best Customer Service Channels & How to Pick the Right One. Fluent Support, 2022. Disponível em: https://fluentsupport.com/best-customer-service-channels/. Acesso em: 24 mar. 2023.

SHAW, Carrie. Be honest: is your business guilty of practicing one-size-fits-all marketing? Copper, 2023. Disponível em: https://www.copper.com/resources/customer-marketing. Acesso em: 22 jan. 2023.

SMITH, Emily. When should you upsell your saas customers? Cobloom, 2019 Disponível em: https://www.cobloom.com/blog/when-should-you-upsell-your-saas-customers#. Acesso em: 21 jan. 2023.

SMITH. Mercer. The 8 Best Customer Service Channels (& How to Pick Them). Help Scout, 2022. Disponível em: https://www.helpscout.com/blog/customer-service-channels/. Acesso em: 22 mar. 2023.

SOCIAL MEDIA MARKETING FOR BUSINESSES. WORD STEAM, Word Steam, 2022. Disponível em: https://www.wordstream.com/social-media-marketing. Acesso em: 20 set. 2022.

STEFANOWICZ, Beata. 12 Crucial Customer Success Metrics & KPIs (2023). Tidio, 2022. Disponível em: https://www.tidio.com/blog/customer-success-metrics/ Acesso em: 12 jun. 2022.

STRAZZA, Pedro. 57% dos brasileiros começaram a ouvir podcasts durante a pandemia, revela pesquisa da Globo. B9, 2021. Disponível em: https://www.b9.com.br/147932/57-dos-brasileiros-comecaram-a-ouvir-podcasts-durante-a-pandemia-revela-pesquisa-da-globo/. Acesso em: 20 set. 2022.

SYDLE. What's an SLA? Why Is It Important, and How Can You Create One For Your Company? Sydle, 2022. Disponível em: https://www.sydle.com/blog/sla-61df5481fd217719d3718236/. Acesso em: 20 dez. 2022.

TEAM, Indeed.12 Ways To Follow Up With a Customer. Indeed, 2022. Disponível em: https://www.indeed.com/career-advice/career-development/customer-follow-up Acesso em: 18 jan. 2023.

TEAM, Totango. The Top 5 Customer Onboarding Metrics And How To Leverage Them. Totango, 2022. Disponível em: https://blog.totango.com/the-top-5-customer-onboarding-metrics-and-how-to-leverage-them-fc/. Acesso em: 20 nov. 2022.

TEAM, Totango. What Is A Quarterly Business Review? Three Keys To A Great QBR. Totango. Disponível em: https://blog.totango.com/what-is-a-qbr/. Acesso em: 18 jan. 2023.

TECH TOUCH CUSTOMER SUCCESS STRATEGIES THAT EVERY SAAS SHOULD USE. User Pilot, 2022. Disponível em: https://userpilot.com/blog/tech-touch-customer-success/. Acesso em: 18 jan. 2023.

TECNOSPEED, Redação. Squad: entenda o modelo e como ele pode aumentar a produtividade. Tecnospeed, 2020. Disponível em: https://blog.tecnospeed.com.br/o-que-e-squad/. Acesso em: 16 ago. 2022.

TEIXEIRA, Rafael Farias. 5 dicas para criar uma comunidade engajada. PEGN, 2014. Disponível em: https://revistapegn.globo.com/Dia-a-dia/noticia/2014/10/5-dicas-para-criar-uma-comunidade-engajada.html. Acesso em: 20 set. 2022.

THE 5 PHASES OF THE CUSTOMER JOURNEY WHEN ONBOARDING, a Guide. Commbox, 2022. Disponível em: https://www.commbox.io/the-5-phases-of-the-customer-journey-when-onboarding-a-guide/#:~:text=What%20are%20the%205%20phases,Purchase%2C%20Retention%2C%20and%20Advocacy. Acesso em: 8 out. 2022.

THE 5 PHASES OF THE CUSTOMER JOURNEY WHEN ONBOARDING, A GUIDE. Commbox, 2019. Disponível em: https://www.commbox.io/the-5-phases-of-the-customer-journey-when-onboarding-a-guide/#. Acesso em: 20 nov. 2022.

THE IMPORTANCE OF LTV:CAC FOR SAAS BUSINESSES. SEG, 2022. Disponível em: https://softwareequity.com/blog/ltvac-saas-businesses/. Acesso em: 18 jan. 2023.

THE INTERCOM CUSTOMER SERVICE TRENDS REPORT 2023. Intercom, 2023. Disponível em: https://www.intercom.com/resources/guides/customer-service-trends-2023. Acesso em: 18 mar. 2023.

THE ULTIMATE RENEWAL PLAYBOOK. Customer Success Box. Disponível em: https://customersuccessbox.com/guides/the-ultimate-renewal-playbook. Acesso em: 21 jan. 2023.

TRIBUTINO, Daniele. Objeções de vendas: As 15 mais comuns e como contorná-las de maneira eficiente! Escola de E-commerce, 2023. Disponível em: https://www.escoladeecommerce.com/artigos/objecoes-de-vendas/. Acesso em: 21 jan. 2023.

TYRE, Dane. What is a Sales Funnel? (& What You Should Make Instead). Hubspot, 2022. Disponível em: https://blog.hubspot.com/sales/sales-funnel. Acesso em: 16 nov. 2022.

VALUE DELIVERY: 5 STEPS TO PREPARE YOUR TEAM FOR SUCCESS. Eco, 2022. Disponível em: https://ecosystems.io/blog/value-delivery-success/ Acesso em: 21 nov. 2022.

VIERA, Alex Felipe Victor. O que é MVP? Minimum Viable Product. Alura, 2022. Disponível em: https://www.alura.com.br/artigos/voce-sabe-o-que-e-o-minimum-viable-product?gclid=CjwKCAiA9qKbBhAzEiwAS4yeDWTr6GPCOF4tnriIUBGbnJIRq3Frufd4llbreu6mhR-v7bFuYK4cRxoCX6UQAvD_BwE. Acesso em: 8 out. 2022.

WALLACK, Morris. Customer Success: How to Get the Process Right for Your Team to Succeed. Eco, 2022. Disponível em: https://ecosystems.io/blog/customer-success-how-to-get-the-process-right-for-your-team-to-succeed/. Acesso em: 21 nov. 2022.

WALLITER, Carolina. A importância da gestão de comunidades (e como fazer isso funcionar na sua loja). Shopify, 2017. Disponível em: https://www.shopify.com/br/blog/a-importancia-da-gestao-de-comunidades-e-como-fazer-isso-funcionar-na-sua-loja Acesso em: 20 set 2022.

WHAT IS CHURN? Product Plan, 2022. Disponível em: https://www.productplan.com/glossary/Churn/. Acesso em: 14 out. 2022.

WHAT IS CHURN. Air Focus, 2022. Disponível em: https://airfocus.com/glossary/what-is-Churn/. Acesso em: 14 out. 2022.

WICKRAMASINGHE, Shanika; RAZA, Muhammad. N-Modular Redundancy Explained: N, N+1, N+2, 2N, 2N+1, 2N+2, 3N/2. BMC, 2021. Disponível em: https://www.bmc.com/blogs/n-n1-n2-2n-3n-redundancy/. Acessado em: 22 nov. 2022

WILLEY. Tim. 10 Rules for Calculating Churn. Alexandre Group, 2022. Disponível em: https://www.alexandergroup.com/insights/10-rules-for-calculating-Churn/. Acesso em: 21 dez. 2022.

WILSON, Lee. 25 Best Examples Of Effective FAQ Pages. Search Engine Journal, 2022. Disponível em: https://www.searchenginejournal.com/best-faq-page-examples/267709/. Acesso em: 28 mar. 2023.

WOLF, Philipp. The Framework For Developing Customer Success Personas. Custify, 2022. Disponível em: https://www.custify.com/the-framework-for-developing-customer-success-personas#:~:text=A%20customer%20success%20persona%20is,detail%20you're%20aiming%20for. Acesso em: 1 nov. 2022.

WOLF, Philipp. How to create a customer success journey. Custify, 2022. Disponível em: https://www.custify.com/how-to-create-a-customer-success-journey-map. Acesso em: 10 out. 2022

WOLFF, Rachel. How to Calculate CSAT & What It Means for Your Business. Monkey Learn, 2021. Disponível em: https://monkeylearn.com/blog/csat-calculation/. Acesso em: 29 mar. 2023.

ZELEN, Matt. 5 Customer Success Secrets to Increase Renewal Rates. Act-on, 2018. Disponível em: https://act-on.com/blog/5-customer-success-secrets-to-increase-renewal-rates/. Acesso em: 21 jan. 2023.

ZHEL, Martin. What is a Sales Funnel? And How To Build One in 2023. Mainmunch, 2023. Disponível em: https://www.mailmunch.com/blog/sales-funnel. Acesso em: 16 nov. 2022.

ZIGHT. Customer Follow Up: Why It's Important and How to Master It. Zight, 2019. Disponível em: https://zight.com/blog/customer-follow-up/. Acesso em: 18 jan. 2023.

SUGESTÃO DE LEITURA:

CUSTOMER SUCCESS
O Sucesso das Empresas Focadas em Clientes

DVS EDITORA

www.dvseditora.com.br

Impressão e Acabamento | Gráfica Viena
Todo papel desta obra possui certificação FSC® do fabricante.
Produzido conforme melhores práticas de gestão ambiental (ISO 14001)
www.graficaviena.com.br